보이지 않는 공급자

옮긴이 **이순임**

감리교신학대학교(BA)와 이화여자대학교(MA), 호주 University of Wollongong (MA, PhD)에서 공부했다. 월간 『기독교 사상』 편집장, 한국여신학자협의회 사무총장, 한양대학교 교목을 지냈다. 지은 책으로는 에세이집 『당신은 이미 꽉 찬 보름달입니다』, 잠언시집 『말할 수 없는 위안』(공저), 옮긴 책으로는 『당신 안의 그리스도』 등이 있다.

옮긴이 **유영일**

"내 안의 신성(神性)"이 꽃 피어나는 삶을 자신과 주변에 격려하고 응원하는 일을 하고 싶어 한다. 지은 책으로 『백일 감사: 백일만 하면 행복이 춤춘다』, 『마하무스 이야기』(우화), 옮긴 책으로 『내 안의 나』, 『인피니트 웨이』, 『기적의 치유 코스』, 『지금 이 순간을 살아라』, 『볼텍스』, 『세상에서 가장 멋진 여행』 등이 있다.

보이지 않는 공급자
INVISIBLE SUPPLY

펴낸날 ‖ 2017년 4월 12일 초판 1쇄 발행
        2020년 8월 5일 초판 2쇄 발행

지은이 ‖ 조엘 골드스미스

옮긴이 ‖ 이순임, 유영일

펴낸이 ‖ 유영일

펴낸곳 ‖ 올리브나무 출판등록 제2002-000042호
        경기도 고양시 일산동구 정발산로 82번길 10, 705-101
        전화 070-8274-1226, 010-7755-2261
        팩스 031-629-6983   E메일 yoyoyi91@naver.com

값 13,000원

ISBN 978-89-93620-59-7   03230

보이지않는
공급자

조엘 골드스미스 지음

이순임, 유영일 옮김

올리브나무

더, 더, 더, 더, 더, 더, 더, 더, 더, 더, 더, 더,
채워야 한다, 가져야 한다, 올라가야 한다, 이루어야 한다…….
이 갈증, 이 허기를 어찌해야 온전히 달랠 수 있을까.
채우고 갖고 올라가고 이루지 않으면 나는 행복할 수 없다는
조건들의 행렬 앞에서
지금 여기에서의 충만감은 설 자리를 잃어버리고
오늘도 길게 목 빼고 내일만 바라본다.

수천 수만 마리가 하늘을 무대로 군무를 추는
저 가창오리 떼를 보라.
오늘도 어김없이 생육하고 번식하면서 풍요의 DNA를
유감없이 발휘하고 있지 않은가.
값없이 공급되는 햇빛과 대지와 비와 공기의 협조만으로도
한 톨의 씨앗은 수백 수천 수만 배로 자기를 증식하면서
생명이 본래 타고난 풍요를 노래하나니,
돌이켜보면 내 안에도 이미
풍요와 자유의 위대한 기적이 깃들어 있는 것이 아니겠는가.
밖으로 달려나가 채울 것을 찾아 헤매기에 앞서
내 안에 잠자고 있는 "그것"부터 흔들어 깨울 일이다.
"보이지 않는 무한공급자"를.

당신의 존재와 삶에 날개를 달아주기 위하여
조엘 골드스미스의 "보이지 않는 공급자"가 촉매로서 제안하는 것들

- 조건의 행복학은 이제 그만 졸업하기

- 무조건의 사랑학에 눈뜨기

- 보이지 않는 "무한공급자"와의 접속을 활성화시키기

- 머리에 붙은 불을 끄듯이 당신 자신의 본성을 기억하고
  본래 내장된 당신의 신성을 향해 "긴급 소환 명령" 내리기

- 그리하여 "삶의 거룩한 자리"를 회복하기젊

주께서 집을 세우지 아니하시면
집을 세우는 사람의 수고가 헛되며

시편 127:1

내 안에서 잠자는 무한공급자 깨우기

콘센트에 코드를 꽂기만 하면 온 집안이 환해질 수 있는데도, 전기를 찾아 산 넘고 물 건너 방방곡곡을 헤맬 필요가 있을까요? 마치 전기를 위한 설비가 자기 집안에는 전혀 갖추어져 있지 않다는 듯이 헤매고 다니는 사람이 있다면 누구나 그를 비웃을 것입니다. 하지만 결핍감에 허덕이는 우리 자신이 바로 그런 어리석음의 주인공일 수도 있습니다.

2천 년 전 예수께서도 분명히 비슷한 말씀을 하셨습니다. 우리 안에는 이미 전기가 갖추어져 있다고. 우리 스스로 코드를 꽂아 전깃불을 사용하기만 하면 된다고. 스스로 '하나님의 아들'이라고 자처하는 예수를 못마땅하게 여기는 사람들을 향해 그분은 당시의 유대인들이 경전으로 떠받들었던 구약성경의 시편 82편을 인용, 이렇게 말씀하셨습니다. "당신들의 율법에도 기록되어 있기를 '내가 너희를 신들이라 하였다'라고 되어 있지 않소? 하나님의 말씀을 받아들이는 자들을 하나님께서는 '신들'이라고 하였으니, 성경말씀이 틀릴 리가 없소"(요한복음 10:34-35).

우리 안에 이미 신성의 전깃불이 갖추어져 있음을 가리켜 보이는 말씀은 비단 이곳만이 아닙니다. 성경뿐만 아니라 다른 많은 책들과 사람들이 우리 안에 이미 내장된 '보름달'을 가리켜 보여 왔습니다. 달은 차고 이지러지는 일을 반복하는 것 같지만, 우리 눈에 그렇게 보일 뿐 달 자체는 언제나 '보름달'입니다. 그와 마찬가지로 우리 안에는 언제나 차고 이지러지는 일이 없는 보름달이 자리합니다. 그런데도 그 보름달을 스스로 가린 채 어둡다고 징징 울기만 하는 바보는 어쩔 수가 없습니다. 눈만 뜨면 환한 빛을 볼 수 있는데도 한사코 눈을 감은 채로 지내겠다는 사람은, 어쩔 수 없이 어둠의 세상을 살아야 합니다. 오래오래 눈을 감고 지내는 것이 나중에 눈을 떴을 때의 감격을 더 키워줄 수 있을지도 모르지만, 그렇다고 해서 지나치게 오랜 동안 어둠의 불편함을 참고 견뎌야 할 필요가 있을까요?

물론 발광체 옆에 서 있기만 해도 어둠이 가시는 경험을 할 수는 있습니다. 굳이 자신의 불을 밝힐 필요가 없다고 느낄 수도 있겠지요. 불을 밝히고 있는 분의 옷자락을 만지기만 해도 해묵은 병이 사라질 수 있습니다. 눈먼 자가 눈을 뜨고, 앉은뱅이가 걸을 수도 있습니다. 하지만 결국엔 스스로에게 이미 갖추어져 있는 빛을 켤 수 있어야 합니다. 언제까지나 남의 빛에 의존해서만 살 수는 없기 때문입니다.

반백 년 전, 조엘 골드스미스는 기이한 경험을 했습니다. 중병으로 더 이상 희망이 없어져서 장례를 준비하라고 자식들을 불러 모았던 아버지가 기적같이 치유되는 것을 지켜보았지요. 그것은 '스스로 빛을 켠 사람'으로부터 빛을 쪼인 덕분이었습니다. 그 후 조엘 자신도 영국으로 가는 배 안에서 폐렴이 치유되는 경험을 직접 하게 되었습니다. 그러자 그의 가슴에는 커다란 물음표 하나가 똬리를 틀게 되었습니다. 도대체 이것이 무엇인가? 어떻게 해야 나도 저런 능력자가 될 수 있을까?

성경을 원어로 공부하고, 스스로 많은 묵상을 하면서 깨달은 것들이 있었습니다. 그는 스스로 자기 안의 빛을 밝히고 그 빛을 나눔으로써 많은 이들에게 치유를 베풀었고, 어떻게 하면 스스로 자기 안의 빛을 밝힐 수 있는지 그 원리를 나누기 시작했습니다. 『인피니트 웨이』를 비롯한 40여 권의 책을 썼고, 미국 전역을 무대로 대중 강연을 했습니다. "인피니트 웨이"는 한 권의 책이기도 하지만, 저마다 자기 안에 내장된 '신성을 사는 법'을 가리키는 보통명사가 되었습니다.

『보이지 않는 공급자』 또한, 조엘 골드스미스의 다른 책들과 마찬가지로, '우리 안의 신성'을 가리켜 보입니다. 불을 밝히면 어둠은 저절로 사라지고 말듯이, 우리 안의 불을 밝히기만 하면 군이 어둠과 싸울 필요가 없다는 것을 극명하게 가리켜 보여줍니다. 어둠은 여러 형태로 우리의 삶을 물들이고 있어서 여기저기 불을 밝혀서 어둠을 스스로 물러가게 해야 할 필요가 있기 때문에, 여러 권의 책과 강연이 필요한 것인지도 모릅니다. 하지만 원리는 너무나 간단합니다. "네 안의 불을 밝혀라."

원리는 자명하지만, 너무나 오랜 세월 동안 어둠에 익숙해져 온 탓인지, 그 원리를 알고 이해하고 실천하는 일이 만만치는 않은 것 같습니다. 하지만 방정식의 원리를 철저히 알면 어떠한 응용문제도 어렵지 않게 풀 수 있듯이, 자기 안에 있는 신성의 불을 밝히는 원리를 이해하면, 길은 그렇게 멀지만은 않은 것 같습니다. 그리고 그 길은 이 한 권의 책에서부터 시작될 수도 있을 것입니다.

면역력이 강한 사람은 어떤 질병도 두렵거나 무섭지 않듯이, 세상만사 아무리 힘들고 어려워도 저마다에게 이미 만능의 불이 주어져 있음을 알아차리고 그 사용법을 터득하기만 하면, 공기처럼 가볍게 살 수 있다는 것을, 조엘 골드스미스는 가리켜 보여줍니다. 2천 년 전의 그분이 "짐 진 자는 다 내게로 오라"고 했듯이, 조엘 골드스미스 또한 우리 모두에게 빛처럼 가볍고 밝게 살아가는 길을 가리켜 보이고 있습니다.

옮긴이 이순임, 유영일 적음

차 례 표

공급의 원리

누군가가 결핍이나 부족함으로 고통을 겪는다면, 그것은 실제로 결핍된 환경 속에 있기 때문이 아닙니다. 그것은 우리가 공급의 원천에 주파수를 맞추지 못했기 때문입니다.

 웹스터 사전에 따르면 '원리'(principle)라는 단어는 '신'과 동의어이기도 합니다. '신'과 동의어인 경우, '프린시플'은 '삶의 배경이 되는 보이지 않는 힘'을 가리킵니다. 이 책에서 우리는 이 단어를 '우리의 일과 의식의 토대가 되는 삶의 원리'라는 의미로 사용하였습니다. 세상만사에는 '원리'가 작용하고, 그러니 일을 할 때에는 '원리'를 이해해야 합니다. 우리 자신의 눈 먼 신앙을 알아차리고 뛰어넘으려면, 삶의 바탕이 되는 '원리'를 알아야 합니다.

모든 비즈니스, 모든 기술과 예술, 모든 직업, 모든 과업에는, 원리가 있게 마련입니다. 원리를 확고히 알고 거기에 따라 살아가는 사람들은, 여러 어려움이 있을 수는 있겠지만, 결국엔 성공을 거듭니다.

우리는 삶 속에서 계속적으로 부조화들, 말하자면 죄나 온갖 종류의 질병들, 노화, 죽음, 결핍, 한계, 가난과 궁핍 등을 직면하고 살아가기 때문에, 이런 것들을 해결할 수 있는 '원리'를 필요로 합니다. 성경은 우리가 수고하고 땀을 흘려야만 먹고 살 수 있을 것이라고 말합니다. 우리가 공급의 원리를 모를 때에는, 당연히 그렇습니다. 공급의 원리를 이해하지 못하면, 누구나 궁핍함 속에서 허덕이며 살아야 하고, 건강의 원리를 이해하기 전까지는 병에 시달려야 합니다.

왜 결핍을 경험하는가

결핍감에 허덕이지 않고 언제나 필요충분하다는 느낌 속에서 사는 길은, 하나님과 하나 되는 데에 있습니다. "나와 아버지는 하나이고, 아버지가 가진 모든 것은 나의 것"이기 때문에, 아버지가 가진 모든 것은 이미 우리의 것입니다. 우리가 개인적으로 결핍을 경험한다면, 그것은 실제적인 어떤 결핍이 있어서가 아닙니다. 우리가 결핍을 경험하는 것은, 우리에게 모든 것을 공급해 주시는 공급자를 우리가 만나지 못하는 데서 생기는 현상일 뿐입니다.

미국이 대공황으로 힘든 시기를 보내던 시절, 나는 여러 저술을 통해, 이 나라에는 어떠한 결핍도 존재하지 않는다는 것을

16

상기시켰습니다. 이 나라는 과거의 어느 시기보다도 더 많은 풍요를 누리고 있었습니다. 들판에는 작물들이 자라고 있었고, 바다에는 고기들이 득실거렸습니다. 공중에는 새들이 날아다니고 있었고, 숲에는 나무들이 울창하게 우거져 있었습니다. 창고와 마구간, 들판과 정원에는, 곡식이 쌓여 있었습니다. 이 막대한 풍요는 어디에나 계시는 하나님의 나라 이야기가 아니었습니다. 실제로 창고와 마구간, 들판 어디에나 풍요가 넘쳐났습니다. 결핍은 없었습니다! 누군가가 결핍이나 부족함으로 고통을 겪는다면, 그것은 실제로 결핍된 환경 속에 있기 때문이 아닙니다. 그것은 우리가 공급의 원천에 주파수를 맞추지 못했기 때문입니다. 우리가 무한한 공급자에 접속되지 못했던 것뿐입니다.

그러므로 우리는 공급의 부족을 겪는 사람들을 만나면 이렇게 말합니다. "여러분이 공급의 원리를 알았더라면, 여러분은 대공황의 시기에도 결핍이나 제한, 부족함을 경험하지 않았을 겁니다." 실제적인 결핍은 없기 때문에, 부족하다는 느낌은 단지 공급의 원리에 대한 무지에 지나지 않습니다.

겉보기에는 그렇게 보이지 않더라도, 우리에게는 이미 필요한 모든 것이 주어져 있습니다. 그것이 공급의 법칙이고 원리입니다. 나와 아버지는 하나이고, 아버지가 가진 모든 것은 나의 것이기 때문에, 우리는 아버지가 가진 모든 것을 가지고 있습니다. "얘야, 너는 늘 나와 함께 있으니 내가 가진 모든 것은 다 네 것이다"(누가

복음 15:31). 당신은 하나님의 자녀로서, 그리스도와 더불어 하나님 아버지가 가지신 모든 부의 공동상속인 것입니다. 바로 그것이, 인간 의식에 주어진 영적인 진실입니다.

보이지 않는 공급자

세상 사람들은 외부의 영역에서 좋은 것을 찾으려고 애쓰곤 합니다. 평화와 기쁨, 만족감, 가정, 우정, 동료애, 공급물자 등을 사람들과 사물들로 이루어진 바깥세상에서 찾고자 합니다. 하지만 우리의 마스터께서는 말씀하십니다. "내 나라는 이 세상에 속한 것이 아니오"(요한복음 18:36). 우리가 영적인 길을 가게 될 때, 우리는 세상의 무기가 우리 자신에게는 작동하지 않는다는 것을 깨닫게 됩니다. 세상이 자기를 보호하는 방식, 자기의 유익을 구하는 방식이 우리 자신에게는 작동하지 않는다는 것을 깨달아 알게 됩니다. "하나님의 나라는 그대의 내면에 있다"는 말씀을 숙고할 때, 자신의 유익을 위해 바깥으로 찾아 나서는 것은 타당하지 않다는 것이 너무나 자명해집니다. 우리가 찾고 구해야 할 장소는 우리 자신의 내면인 것입니다. 어느 시대에나 영적인 계시자들은 모두가 다 이 점에 동의하고 지지해 주었습니다.

영적인 삶이란 하나님과 접속할 수 있는 능력을 기반으로 삼습니다. 한 분이신 하나님이 계시다는 것을 온전히 이해할 수 있어야 합니다. 한 분이신 하나님은 존재하실 뿐만 아니라, 아주 가까이에 계십니다. 신비주의자였던 어느 시인은, 그분은 우리의 손발보다 더 가까이에, 숨결보다 더 가까이에 계시다고 노래하였습니다. 우리의 마스터 예수께서는, 하나님의 나라는 우리 안에 있다고 말씀하십니다.

삶이 영원하다는 것이 먼 나라의 이야기처럼 들리지는 않습니까? 당신은 하나님의 자녀로서 합당하게 누려야 할 평화와 조화, 번영을 과연 누리고 있습니까? 그렇지 않다면, 우리는 무엇보다 먼저 자기 자신에게 정직해져야 합니다. 그분과 아직 사귀지 못하고 있다는 것을, 그분을 제대로 알고 있지 못하다는 것을, 솔직하게 인정할 수 있어야 합니다. "그러므로 그대는 하나님과 화해하고, 하나님을 원수로 여기지 말아라. 그러면 하나님이 그대에게 은총을 베푸실 것이다"(욥기 22:21).

그분은 그대의 길을 가리켜 보여주실 것이고, 그러면 그대는 마음의 평화를 누리게 됩니다.

평화를 누리고 있지 않다면, 우리는 그분을 알지 못하고 있는 것입니다. 그분을 제대로 안다는 것은, 그분이 가리켜 보이는 대로 길을 가고 있다는 것이고, 그래서 늘 편안한 상태로 기쁨 속에서 살아간다는 뜻입니다. 영원한 삶의 축복을 누리고 있고, 조화로운 삶, 기쁘고 선한 삶의 축복을 실제로, 진실로 받아서 누리고 있다는 뜻입니다.

"인피니트 웨이"를 사람들에게 알리는 일을 시작한 지 몇 년도 안 되어, 나는 놀랄 만큼 빠른 속도로 성공을 거두었고, 번영을 누렸습니다. 나는 다른 도시로 이사를 갔고, 더 큰 일들을 스스로에게 부과했습니다. 하지만 겉보기에 저는 실패한 사람처럼 보였습니다. 치유 사역에는 계속적으로 대단한 성공을 거두고 있었지만, 나 자신이 무한공급자와 연결되어 있다는 것을 보여주는 일에 있어서는 실패하고 있었습니다. 나는 불충분한 수입으로 가정생활을 제대로 꾸리지 못했습니다. 심각한 결핍과 부족함에 직면할 때가 많았습니다. 나는 멋진 치유 사역을 행하고 있었습니다. 밤낮을 가리지 않고 열과 성의를 다했습니다. 하지만 나에게 돌아오는 것은 적었습니다. 가족과 나 자신을 먹여 살리기에도 부족했지요.

그 일을 시작한 2년 동안은 당혹스러운 일이 계속되었습니다. 다른 사람들을 위해서는 치유의 역사가 일어나는 것은 물론이고 공급의 기적이 일어나곤 했지만, 나는 여전히 개인적으로는 문제를 안고 있었습니다. 어느 날, 그 문제가 너무나 분명해졌습니다.

내가 먹고 마시고 입는 것은 사실 문제가 아니었습니다. 문제는, 먹고 마시고 입는 문제에 대한 해결책을 내가 알고 있다고 믿는 사람들이 있다는 것이었습니다. 왜 무엇 때문에 공급의 제한을 경험하게 되고, 언제 어떻게 그것이 풀리게 되는지, 어떻게 해야 부족함을 느끼지 않고 살 수 있는지, 그 모든 것을 내가 알고 있다고 믿는 사람들이 있었지만, 나의 실상은 그렇지 못했습니다. 나는 해답을 찾을 때까지는 마음 놓고 쉴 수가 없었습니다.

어느 날, 산책을 하던 중에 갑자기 이런 생각이 떠올랐습니다. 내가 정말로 하나님을 알고 있다면, 이런 문제로 골머리를 앓고 있지는 않을 것이다. 성경에는 "나는 젊어서나 늙어서나, 의인이 버림받는 것과 그의 자손이 구걸하는 것을 보지 못하였다"(시편 37:25)라는 구절이 있는데, 나는 그것을 액면 그대로 믿었습니다. 하나님이나 "실상"(Truth) 안에는 잘못된 것이 있을 수 없었습니다. 잘못이 있다고 한다면, 그것은 거짓말이어야 마땅했습니다. 그런 의미에서 본다면, 나는 "의인"이 아닌 것이 분명했습니다. 의인이라면 부족함을 겪을 리가 없다는 것을 성경은 가리켜 보이고 있으니까요. 나는 공급에 대해 바른 생각을 가지고 있지 않았습니다. 뭔가가 잘못된 것이 틀림없었습니다.

펼쳐지는 일들은 분명했습니다. 내가 겪고 있는 곤란은 하나님에 대한 내 이해의 부족 때문이라고밖엔 달리 변명할 길이 없었습니다. 영적인 사업에 적극적으로 참여하고 있고 실제로 기적 같은 치유가 눈앞에서 벌어지고 있는데, 그런 일을 하고 있는 당사자가 아직 하나님을 모른다는 것은 있을 수 없는 일인 것 같았습니다. 치유사라고 자부하는 사람이 어떻게 하나님을 올바르게 이해하지 못하는 일이 있을 수 있을까? 나는 생각했습니다.

"그래, 성경이 거짓될 리가 없어. 잘못은 전적으로 나에게 있는 거야. 나는 하나님을 알지 못하고 있는 것이 분명해."

나는 내가 하나님을 알고 있는지 알지 못하고 있는지, 스스로 테스트해 보기로 했습니다.

나는 나 자신에게 "하나님이 누구냐"고 물었습니다. 그러고는 모든 가능한 대답들을 떠올리기 시작했지요. 하지만 떠오르는 대답들은 나 자신의 것이 아니었습니다. 내가 경험하고 아는 하나님이 아니었습니다. 나는 단지 요한이 그렇게 말했기 때문에, "하나님은 사랑이시다."라고 인용하고 있었을 뿐이었습니다. 나는 "하나님이 법"이심을 알고 있지 않았습니다. 모세가 그렇게 말했기 때문에, 미루어 짐작했을 뿐이었습니다. 에디 여사가 "하나님은 원리"(God is principle.)라고 말했기 때문에, 그렇다고 앵무새처럼 따라 했을 뿐, 나는 정말로는 알지 못하고 있었습니다. 내가 하나님에 대해 알고 있었던 것들은, 하나님에 대한 참된 앎이 아니었습니다. 나는 그것을 깨달았습니다. 나는 그저 다른 사람들이 하나님에 대해 알고 있는 것들을 인용한 것에 지나지 않았습니다. 그것들은 내가 아는 하나님이 아니었습니다. 나는 단지 인용하고 있었을 뿐, 하나님에 대해서는 알지 못했습니다.

하나님의 실상에 관한 진술들을 안다는 것과 하나님을 안다는 것은 다릅니다. 나는 하나님이 과연 누구인지, 내가 하나님에 관해 알고 있는 것은 무엇인지, 곰곰 생각해 보았습니다. 하지만

22

도무지 알 수 없었습니다. 나는 인간에 대해, 인간이란 누구인지, 내가 누구인지를 생각하기 시작했습니다. 나는 하나님의 나라야말로 내 존재의 바탕이고 배경이라는 것을 알았습니다. 하나님은 내가 나라고 생각하는 것보다 더 큰 나, 나의 본래적인 나였습니다. 나의 인간성이 아닌, 나의 개인적인 마음이나 힘이나 이해를 넘어선 더 큰 나, 그것이 하나님이었습니다. 나의 "큰 자아", 나의 영적인 자아는 하나님과 다름이 없었습니다.

하나님은 있는 그대로의 "나"를 구성합니다. "큰 나"는 있는 그대로의 나 자신입니다. 하나님은 생명 자체이고, 혼 자체이고, 마음 자체이며, 개인들의 의식 자체입니다. 그것이 진실이라면, 하나님이 가진 모든 것은 각 개인의 일부가 됩니다. 아버지가 가진 모든 것은 나의 것입니다. 하나님의 마음은 인간의 마음입니다. 하나님의 혼은 인간의 혼입니다. 하나님의 영은 인간의 영입니다. 하나님이 지출하시는 모든 것은, 곧 인간이 지출하는 것입니다. 하나님의 사랑은, 곧 인간의 사랑입니다. 왜 그러할까요? 나와 아버지는 하나이고, 아버지가 가진 모든 것은 나의 것이기 때문입니다. 그것이 곧, 우리들 존재의 무한함을 이루는 하나님입니다. 우리 자신만으로는, 우리는 아무것도 아닙니다. 우리가 각자 자기 자신 안에 갇혀 있으면, 우리는 아무것도 아닙니다. 하나님이 우리의 진짜 존재를 구성하시므로, 하나님이 우리들 진짜 존재의 아버지이시므로, 하나님은 우리 안에서 그분의 지혜의 온전함,

그분의 사랑의 온전함, 그분의 생명의 온전함, 그분의 공급의 온전함을 이룩하시고, 확립하십니다.

"땅과 그 안에 가득 찬 것이 모두 다 주님의 것, 온 누리와 그 안에 살고 있는 모든 것도 주님의 것이다"(시편 24:1). 그리고 아버지는 말씀하셨습니다. "얘야, 내가 가진 모든 것은 다 네 것이다"(누가복음 15:31).

이러한 전체성(Allness)이 개인의 존재를 이루므로, 우리에게 좋은 것들은 바깥에서 우리에게 오는 것이 아니라, 안에서부터 접속되어야 한다는 깨달음이 왔습니다. 그것은 즉각 나의 이해를 바꾸어놓았고, 내 인생을 변화시켰습니다.

여러분도 알다시피, 하나님은 모든 차원에서 우리의 필요를 충족시킬 방법을 가지고 계십니다. 그 후 나는 로버트 브라우닝의 시를 읽고는, 크게 공감하게 되었습니다.

"바깥에서부터 좋은 것을 우리에게로 끌어들이려고
애쓰지 말지니, 아무쪼록
우리 스스로 문을 열어젖힐 방안을 찾아야 하리.
우리 안에 갇혀 있는
눈부신 광휘가 해방될 수 있도록."

모든 좋은 것은 우리 안에 이미 내장되어 있습니다. 영원함과 불멸성, 신성, 그리스도성, 영성은 모두 우리 자신 안에 이미 갖추어져 있습니다. 하지만 우리는 우리 스스로 감옥에 가두어놓은 광휘가 빛을 발할 수 있도록 문을 열어주지 않으면 안 됩니다.

　이러한 하나님의 광휘, 이 무한한 사랑, 이 무한한 생명력, 이러한 신성의 지혜, 이러한 영적인 은총, 위로자가 이미 당신 안에 갖추어져 있음을 깨달음에 따라, 어떤 기적이 일어나는지를 지켜보십시오. 하나님의 광휘는 빵과 물고기를 엄청나게 불어나게 하고, 병든 자를 치유하고, 가난한 자에게 복음을 선포하고, 눈먼 자의 눈을 뜨게 해줍니다. 그리고 그것은 이미 당신 안에 갖추어져 있습니다. 그러니 당신의 필요를 채워줄 사람들을 찾아 바깥으로 헤맬 필요가 없습니다.

　하나님의 광휘가 자기 안에 이미 내장되어 있음을 아는 사람은, 누구에게도 의존하지 않습니다. 부부라고 할지라도 배우자에게 지나치게 의존하지 않습니다. 사업가는 투자나 비즈니스, 자신의 자리에 연연하지 않습니다. 공급이라는 것이 여러 통로를 통해 올 수 있지만, 공급의 원천은 우리 자신 안에 이미 내재해 있기 때문에 그 원천의 뚜껑을 열기만 하면 됩니다. 그러한 깨달음을 통해, 새롭고 더 좋은 길이 언제 어디에서든 열릴 수 있습니다. 하나의 길이 닫히면 다른 길이 열리게 마련입니다. 그 모든 것이 필요에 따라 저절로 일어납니다. 우리가 깨달아야 할 것은 바로 그것뿐입니다.

공급자는 영이시다

공급자는 영이시고, 그것은 당신 안에 있습니다. 그것은 눈에 보이지 않으며, 눈에 보이는 일은 결코 없을 것입니다. 인간의 눈에는 영이 보이지 않습니다. 손가락으로 더듬어서 느낄 수도 없고, 들리지도 않으며, 맛볼 수도 없습니다. 물질로 이루어진 바깥세상에서 당신이 보는 것은, 공급자가 취하는 모습들입니다. 공급자는 돈으로, 음식으로, 옷으로, 집으로, 자동차로, 사업자금 등등으로 형상을 취합니다. 당신의 영적인 분별력은 이것이 진실된 말이라는 것을 당신에게 말해 줄 것입니다. 훗날 당신은 거기에 대한 증거들을 보게 될 것입니다. 공급자를 보게 됨으로써가 아니라, 공급자가 취하는 모습들을 목격하게 됨으로써.

공급자는 무한하고, 당신이 있는 곳이면 어디든지 존재합니다. 모세처럼, 우리는 어제의 만나(manna: 옛날 이스라엘 사람이 광야를 헤맬 때 하나님이 내려준 음식, 출애굽기 16::14-36: 역자)로 살아갈 필요가 없다는 것을, 오늘 얻은 만나를 내일을 위해 아껴둘 필요가 없다는 것을 깨달을 수 있습니다. 공급은 무한하기 때문입니다.

공급자와 마찬가지로, 실상(Truth)은 눈에 보이지도 않고, 들리지도 않습니다. 당신은 실상을 볼 수도 없고, 들을 수도 없습니다. 실상은 당신의 내면에 있습니다. 실상은 영이고, 하나님입니다. 당신이 한 권의 책 속에서 읽은 것이나, 귀로 들은 것은, 단지 실상의 상징들에 지나지 않습니다.

만질 수 있는 것과 만질 수 없는 것,
보이는 것과 보이지 않는 것

나무의 과일이나 들판의 곡식은 공급자의 상징들입니다. 그것들은 공급자 자체가 아닙니다. 왜냐하면 공급자는 눈에 보이지 않고, 당신 안에 있기 때문입니다. 내가 쓴 책 『인피니트 웨이』(The Infinite Way)에서, 나는 오렌지 나무로 이러한 원리를 설명한 바 있습니다. 오렌지나 오렌지를 재배하는 사람은 공급자가 아닙니다. 오렌지가 수확되어 팔려 나갈 때나, 바람이 불어서 과일이 땅에 떨어질 때에도, 어떤 이유로 인해 과일이 상하게 될 때에도, 공급자는 여전히 거기에 존재합니다. 공급자는 나무 안에서 작용하고, 오렌지를 수확할 시기가 되면 공급자는 열매의 모습으로 나타납니다. 오렌지를 수확하지 못하게 된다면, 공급자는 쓰이지 못한 것일 뿐입니다. 공급자는 다음 시즌이 되면 공급의 한 형태로서 또 다른 수확물로 나타나게 될 것입니다.

전쟁과 경기침체는 많은 사람들에게서 부와 풍요를 앗아갔습니다. 사람들은 결핍과 부족함을 경험했고, 때로는 모든 것을 다 잃어버린 듯했습니다. 하지만 어떤 이들은 다시 일어설 수 있었고, 어떤 이들은 예전보다 더 부요해졌습니다. 돈을 잃어버리긴 했지만, 돈을 벌 수 있는 능력은 잃어버리지 않았기 때문이지요. 그들은 그들의 공급자를 잃어버리지 않았습니다. 그들은 여전히 지성을, 에너지를, 아이디어를, 영감을 가지고 있었고, 그래서 자신들의 부를 창조할 수 있었습니다. 아이디어와 영감, 지성, 지혜, 봉사 정신, 사랑은 공급자의 모습을 만들어 내지만, 그것들 자체는 눈에 보이지 않습니다. 오직 결과물만이 보일 뿐입니다.

기업이 매각되는 경우, 사람들의 평판이나 신용이 자산 목록에 포함되는 경우가 적지 않습니다. 자산은 50만 달러로 평가되지만 평판은 백만 달러로 평가될 수 있습니다. 그렇게 팔려나갔던 기업의 사례를 나는 알고 있습니다. 눈에 보이지 않는 평판이 눈에 보이는 회사의 자산보다 더 가치가 있었던 것이지요. 평판이라는 것은 눈에 보이지도 않고, 들리지도 않고, 맛보거나 만질 수도 없습니다.

시인들, 작가들, 조각가들, 화가들, 작곡가들 역시 그러합니다. 그들의 눈에 보이지 않는 재능은, 시와 저작물들, 그림들, 가르침들, 혹은 예술의 다른 형태들로 나타나게 되는 것들의 본질이라고 할 수 있습니다. 그것들의 공급자는 그들 내면의 빛이요, 영감인 것입니다.

필요한 공급은 우리 안에 이미 구현되어 있다

대다수 종교가 잘못 가르치고 있는 것은, 우리가 필요로 하는 공급이 바깥에서부터 우리에게로 온다는 믿음입니다. 그래서 우리는 그것이 우리에게 주어지기를 기도하느라, 많은 시간을 낭비합니다.

우리는 성실함이라든가 충성심, 도덕성, 정직성, 동정심 같은 영적 자질이 우리의 의식 안에 구현되어 있다는 것을 알고 있습니다. 우리는 이런 자질들이 우리에게 더해지기를 기도하지 않습니다. 그것들은 우리 안에 이미 갖추어져 있어서 표현하면 되는 것들입니다. 우리가 그것들을 얼마나 잘 이해하여 표현하느냐 하는 것은 다른 문제입니다.

공급이란 다른 여러 자질들과 마찬가지로 영적인 것입니다. 영적인 여러 자질들과 마찬가지로, 바깥에서부터 우리에게로 무엇인가가 와서 공급이 이루어지는 것이 아닙니다. 그것은 우리 안에 구현되어 있고, 그러니 우리는 그것을 표현하면 됩니다. "베풀수록 돌아오는 것이 많다"는 속담이 있습니다. 그것이 공급의 법칙입니다. 우리는 다른 누군가가 공급받을 것을 빼앗는 것이 아닙니다. 그것은 허락되어 있지 않습니다. 다른 사람들의 빵을 빼앗으려고 했던 사람들로 감옥은 늘 만원입니다.

예수께서는 우리가 어떻게 다른 사람들에게 베풀어야 하는지, 많은 예화를 들어 주셨습니다. 용서하고, 우리의 적들을 위하여 기도하고, 나누고, 십일조를 바치라고 하셨습니다.

용서하고, 우리의 적들을 위하여 기도하기

예수 그리스도께서는 우리를 해치려고 하는 사람들을 위해 일곱 번씩 일흔 번이라도 용서하라고 말씀하십니다. 그분은 우리에게 우리의 적들을 위해, 우리를 악의적으로 대하는 자들을 위해, 우리를 억압하는 사람들을 위해 기도하라고 하십니다. 하지만 우리가 용서하고 기도해야 하는 대상을 개인적으로 우리를 해친 사람들만으로 한정해서는 안 됩니다. 내 이웃을 해친 사람이라면, 그것은 곧 나를 해친 사람입니다. 내 나라를 해롭게 한 사람들이라면, 그들은 곧 나를 해롭게 한 사람들입니다. 나의 민족을 해친 사람들이라면, 나를 해친 사람들입니다. 이 세상을 해친 사람들이라면, 나를 해친 사람들입니다. 왜냐하면 우리는 하나이고, 전체의 부분들이기 때문입니다. 우리 모두의 아버지는 한 분이신 하나님이기 때문에, 우리는 형제자매들입니다. 우리 중 누군가를 해롭게 한 사람은 누구든지, 우리 모두를 해롭게 한 것입니다. 그러므로 우리를 해롭게 한 사람들, 우리를 억압한 사람들을, 우리를 학대한 사람들을 용서하라는 그리스도의 법 앞에 우리 모두가 부름을 받은 것입니다.

우리는 우리의 친구들을 위해서보다 우리의 적들을 위해 더욱 더 기도해야 합니다. 마스터께서는, 우리의 친구들을 위해 기도하는 것은 우리에게 이롭지 않다고 말씀하십니다. 우리는 우리의 적들이 하나님의 자녀가 되도록 기도해야 합니다. 하나님의 자녀들로서, 우리는 하나님의 상속자들입니다. 하늘나라에 있는 모든 것들을 그리스도와 함께 가질 수 있는 공동 상속자들입니다. 우리는 우리의 적들과 인류의 적들을 위해 기도하는 법을 배울 때만이, 그리고 우리를 해롭게 하는 사람들을 용서하는 법을 배울 때만이, 하나님께서 주기로 되어 있는 하늘나라의 부의 상속자가 될 수 있습니다. 그들이 489번 우리를 해롭게 한다 할지라도, 우리는 일곱 번씩 일흔 번(490번)이라도 용서할 수 있어야 합니다. 다른 사람들을 용서하고 우리의 적들을 위해 기도하는 것, 그것이 우리가 우리의 영적인 공급자를 보여주고 입증할 수 있는 두 가지 방법입니다.

나눔

"내가 진정으로 너희에 세 말한다. 너희기 여기 내 형제자매 가운데, 지극히 보잘것없는 사람 하나에게 한 것이 곧 내게 한 것이다"(마태복음 25:40).

다른 사람에게 선행을 베푸는 것은 곧 자기 자신에게 베푸는 것입니다. 오직 하나의 자아가 있을 뿐이기 때문이지요. 하나님은 한 분뿐이고, 그러니 오직 하나의 생명이 있을 뿐입니다. 그러므로 나의 생명은 곧 당신의 생명입니다. 내 인생은 당신의 인생입니다. 나의 핏줄을 타고 도는 똑같은 생명이, 다른 사람들의 핏줄 또한 타고 돌고 있습니다. 나를 통해서 나타나는 내 안의 지성이 다른 사람들 안에도 똑같이 있습니다. 나의 존재를 활성화시키는 똑같은 혼이, 다른 사람들의 존재를 활성화시키고 있습니다. 오직 하나의 내가 있을 뿐입니다. "큰 나"가 하나님입니다. 하나님이 나의 존재를 이룹니다. 그것이 나의 생명이고, 당신의 생명입니다. 오직 하나의 생명만이 존재하기 때문입니다. 하나님이 내 마음이고 당신의 마음입니다. 오직 하나의 마음만이 존재하기 때문입니다. 하나님이 내 혼이고 당신의 혼입니다. 우리는 동일한 혼을 지니고 있습니다. 우리는 동일한 혼, 동일한 생명, 동일한 영, 동일한 존재를 가지고 있습니다. 그러므로 당신이 다른 사람에게 선을 행하면, 당신은 하나님에게 선을 행하고 있는 것입니다. 하나님은 당신의 신성한 자아입니다. 당신이 다른 사람에게 선을 행하면, 그것은 곧 당신 자신에게 행하는 것입니다.

다시 말하자면, 우리가 자선을, 호의를, 동정심을 베풀기 위해 수표를 보낸다면, 그것은 곧 우리 자신의 계좌에 송금을 하는 것과도 같습니다. 우리의 계좌로 다시 입금되기까지는 일주일이나 이주일 정도가 소요되지만, 우리의 계좌에 그렇게 입금이 되는 것은, 우리가 그것을 우리 자신에게 부쳤기 때문입니다.

당신이 다른 사람에게 무엇을 행하든, 그것은 하나님에게 하는 것이고, 당신의 신성한 자아에게 하는 것입니다. 당신이 다른 사람을 해롭게 한다면, 그것은 당신 자신을 해롭게 하는 것입니다. 왜냐하면 오직 하나의 자아만이 존재하기 때문입니다. 당신은 자기 자신을 다치게 하지 않고서는, 어느 누구도 다치게 할 수가 없습니다. 우리가 다른 사람에게 손해를 끼치거나 정의롭지 못한 일을 하는 것은, 곧 우리 자신에게 그렇게 하는 것입니다.

우리의 문제에 대해 우리 자신 말고는 어느 누구도 책임을 져 줄 수 없습니다. 우리의 운명은 우리 자신이 만든 것입니다. 우리는 우리 자신의 카르마(karma: 인과응보)를 창조합니다. 다시 말하자면, 우리가 오늘 선을 행하면, 그것은 곧 우리 자신에게 선으로 돌아옵니다. 우리가 오늘 악을 행하면, 그것은 곧 우리 자신에게 악으로 돌아옵니다. 우리는 살아가는 매 순간 우리 자신의 미래를 창조합니다. 왜냐하면 오직 하나의 자아만이 있을 뿐이고, 우리가 행하는 모든 것은 곧 우리 자신에게 행하는 것이기 때문입니다.

감사

여기저기 가는 곳마다 베푸는 또 다른 방식은, 감사를 표현하는 것입니다. 감사는 여러 형태를 취할 수 있습니다. 이 세상에서 행해지는 자선의 대부분은, 그 형태가 어떠하든, 감사하는 마음에서 비롯됩니다. 무엇엔가에 감사하는 마음이 들면, 사람들은 CARE(Cooperative for Assistance and Relief Everywhere, 1940년대에 교전국의 국민을 구제하기 위해 설립된 미국의 비영리 민간 구호 단체: 역자)나 결핵협회, 암 학회 같은 곳에 수표를 보냅니다. 마치 하나의 법칙과도 같이, 감사하는 마음은 자선 행위를 하도록 촉구합니다.

감사를 표현하는 데에는 다른 방법도 있습니다. 하나님이 눈에 보이는 모든 것들의 보이지 않는 근원이라는 깨달음, 이 지구는 물론 다른 수많은 별들 위에서도 모든 좋은 것들을 만들어 내셨다는 깨달음 또한, 나에게는 차원 높은 감사의 표현으로 여겨집니다. 내가 가진 어떤 것이든, 나에게 오는 것이 무엇이든, 그 모든 것에 대해서 일일이 하나님께 감사를 드린다는 것은 불가능한 일일 것입니다. 또 그렇게 일일이 감사드리지 않는 것은, 그것이 비단 나에게만 주어지는 것이라고는 믿지 않기 때문일 것입니다. 나는 하나님이 특별히 나를 위하여 햇빛이나 비, 수많은 양 떼를 창조하셨다고는 믿지 않습니다. 나는 이 모든 것이 하나님 자신의 무한한 존재의 표현이며, 하나님 자신의 무한한 풍요의 표현이라고 믿습니다. 이 모든 것들은 하나님의 모든 아들딸들을 위해 펼쳐 놓으신 것이지, 특별히 당신이 아끼는 소수만을 위해서 그렇게 하신 것은 아닐 것입니다.

바다의 물고기들에 대해서, 하늘을 나는 새들에 대해서, 수많은 양 떼에 대해서, 꽃피는 나무들에 대해서, 아침에 깨어나서부터 잠들 때까지 우리가 목격하는 모든 것들에 대해서, 우리가 잠자고 있는 동안에도 생명의 원리들이 우리를 위해 작동하는 것에 대해서 감사하는 마음을 품는 것은, 나에게는 차원 높은 감사의 표현인 것 같습니다. 왜냐하면, 그런 감사하는 마음에는 개인적인 것이 아무것도 없기 때문입니다. 그것은 하나님의 무한함이 우리 모두 가 나눌 수 있도록 어디에나 펼쳐지고 있다는 데 대한 감사의 마음입니다.

이런 무한한 풍요를 받아들이는 사람이 그렇게 드물다는 사실은, 하나님과는 아무런 관련이 없습니다. 하나님은 편애하는 법이 없습니다. 하나님은 누군가에게 더 많이 주시지 않습니다. 하나님에게는 특별히 좋아하는 아이들이, 특별히 좋아하는 민족, 특별히 좋아하는 국민이 없습니다. 하나님은 덕 있는 자에게 보상을 하고, 죄 많은 자를 벌하시지도 않습니다. 하나님이 덕 있는 자에게 보상을 하고 죄인을 벌한다는 교리를 받아들이기란 힘든 일이 아닐 수 없습니다. 덕 있는 사람들이 병으로 고생하고 가난하게 살면서 고통을 당하는가 하면, 못된 사람들이 건강과 부를 누리는 경우가 너무나 흔히 목격되기 때문입니다.

우리의 공급은 우리의 수용성과 비례합니다. 다시 말하자면, 우리가 표현하는 감사의 정도, 우리가 마음에 품는 친절과 호의, 다른 사람들을 용서하고 적들을 위해 기도하는 일 등등, 우리가 베푸는 정도에 따라, 우리에게 주어지는 공급이 달라지는 것입니다. 왜냐하면, 그렇게 함으로써 우리는 공급의 영적 원리를 표현하고 있는 것이기 때문입니다.

십일조

오랜 세월에 걸쳐 크리스천들은 영적인 음식을 제공해 주고 영적인 위로자가 되어주는 교회에 십일조를 바침으로써 감사를 표현해 왔습니다. 교회 또한, 물질적인 도움을 주는 유일한 원천인 경우가 적지 않았습니다. 교회의 자비와 선행에 대한 감사의 표현으로 십일조를 바칠 때, 그것은 주는 자와 받는 자 모두에게 축복이었습니다. 하지만, 약삭빠른 사람들이 10%를 바치게 되면 90%를 돌려받게 된다는 생각들을 하게 되어, 십일조를 바치는 것이 일종의 거래가 되고 말았습니다. 이로 인해 십일조는 그 유효성을 상실하여, 지금은 일반적인 관습에서 사라지게 되었습니다. 물론 모르몬교, 퀘이커교 등, 몇몇 소수 그룹에서는 여전히 계속되고 있는 것이 사실이지만, 전체적으로 보면, 한때 우리들 인생의 영적인 원천으로부터 우리가 받는 것들에 대한 감사를 표현하는 수단으로서 기능했던 십일조는 이제 더 이상 인정되지 않는 분위기인 것 같습니다.

십일조는, 예수께서 가르치셨듯이, 익명으로 바쳐질 때, 기쁨이 되고, 그것을 재발견한 사람들에 대한 특권이 됩니다. 어느누구에게도 알리지 않고 감사하는 마음으로 십일조를 바치는 사람들은, 진실로 아버지께서 다 아시고 보상을 해주신다는 것을 깨닫게 됩니다. "자선을 베풀 때에는 오른손이 하는 일을 왼손이 모르게 하여 그 자선을 숨겨두어라. 그러면 숨은 일도 보시는 네 아버지께서 갚아주실 것이다"(마태복음 6:3-4).

보상을 바라고 십일조를 바쳐서는 안 됩니다. 보상을 바라면, 그것은 비즈니스 행위이지 영적인 행위가 아닙니다.

오늘날 교회는 더 이상 유일한 자선의 통로가 아닙니다. 오늘날에는 자선기관들, 재단들, 의료기관, 아동양육시설, 장애인 학교, 양로원 등이 많아서 필요한 사람들에게 도움을 제공해 주고 있습니다. 시나 군, 주 당국, 연방정부에서 운영하는 프로그램들도 많습니다. 그러니 이제는 반드시 교회에만 십일조를 바치지 않아도 괜찮게 되었습니다. 교회가 아닌 다른 곳에도 좋은 일을 위해 십일조나 그 일부, 혹은 그 이상을 바칠 수가 있게 된 것입니다. 그렇게 우리는 우리의 이웃을 우리 자신처럼 사랑한다는 것을 보여줄 수 있습니다. 우리의 이웃에는 우리 자신의 종교에 속하는 사람들뿐만 아니라 모든 종교, 모든 민족, 모든 신념의 사람들이 다 포함되어 있다는 것을 입증하려면, 교회에만 십일조를 바쳐야 한다고 고집해서는 안 될 것 같습니다.

우리는 우리가 필요로 하는 것들이 외부로부터 우리에게 공급되기를 기대할 필요가 없습니다. 공급자가 우리 안에 계시기 때문입니다. 설령 돈을 필요로 할 때조차도, 외부로 손을 벌리는 것은 적절치 않습니다. 우리는 이미 보이지 않는 공급자를 가지고 있기 때문입니다.

"예수께서 헌금함 맞은쪽에 앉아서, 무리가 어떻게 헌금함에 돈을 넣는가를 보고 계셨다. 많이 넣는 부자가 여럿 있었다. 그런데 가난한 과부 한 사람은 와서, 렙돈 두 닢 곧 한 고드란트를 넣었다. 예수께서 제자들을 곁에 불러 놓고서, 그들에게 말씀하셨다. "내가 진정으로 너희에게 말한다. 헌금함에 돈을 넣은 사람들 가운데, 이 가난한 과부가 어느 누구보다도 더 많이 넣었다. 모두 다 넉넉한 데서 얼마씩을 떼어 넣었지만, 이 과부는 가난한 가운데서 가진 것 모두 곧 자기 생활비 전부를 털어 넣었다"(마가복음 12:41-44).

부자가 막대한 돈을 낸다고 해서 푼돈을 낸 과부보다 더 많은 축복을 받는 것은 결코 아닙니다. 중요한 것은 돈의 액수가 아니라, 당신의 뜻입니다. 돈의 액수는 당신이 얼마나 많이 내는가를 재는 수단이 될 수 없습니다. 유일한 잣대는 당신이 표현하고 있는 사랑의 크기입니다. 당신이 나타내고자 하는 협력의 마음, 인정의 마음입니다. 기도에 얼마나 열심을 부리고 있는지, 얼마나 많이 용서하고 있는지, 그것이 당신이 하나님께 바치는 것의 척도입니다. 다른 사람들의 주의를 끄는 일이 없이 얼마나 은밀하게 선을 행하고 있는가? 은밀할수록 당신은 더 많은 것을 바치고 있는 것입니다.

당신의 삶을 통해 공급자를 명백히 보여주는 일

공급자와 공급자가 나타나는 형상들의 차이를 이해하는 일은, 우리가 인생에서 터득해야 할 매우 실제적인 공부 과목의 하나입니다. 이 원리를 이해할 때, 당신은 더 이상 공급자가 나타내는 모습들을 붙잡으려고 애쓸 필요가 없이, 당신 자신 안에 이미 풍요를 가지고 있다는 것을 알게 될 것입니다. 왜 그럴까요? 공급자가 나타내는 모습들은 영원하지 않습니다. 공급자가 나타내는 모습들을 붙잡아서 다 쓰고 나면, 다시 또 붙잡으려고 애를 써야 합니다. 매달 매주 새로운 공급을 받고자 애쓰는 것은 매우 수고로운 일이지만, 그럴 필요가 없습니다. 영적인 공급자를 당신이 이해하고 의식할 때, 공급자가 나타내는 모습들은 영원히 굴러가면서 당신으로 하여금 활용하게 해줍니다. 당신은 무엇을 먹어야 할지, 무엇을 마셔야 할지, 어떤 옷으로 치장을 해야 할지, 궁리하고 생각을 해야 할 필요가 없습니다. 한 번만 진지하게 영적인 공급자를 알고, 이해하고, 가지면 됩니다. 그런 후에는 그 공급자로 하여금 공급자 스스로 무엇을 선택하든 겉으로 모습을 나타내도록 허용하기만 하면 되는 것입니다.

영적인 공급자를 알아차리고 이해하고 갖기 위해, 당신이 알아차리고 이해하고 가져야 할 것은 하나님입니다. 공급자가 하나님이고, 하나님이 공급자임을 알아차리고 인식해야 합니다. 당신 안에 있는 하나님을, 하나님의 의식을, 하나님이 현존에 대한 인식을 알아차리고, 이해하고, 가져야 합니다. 그것을 한 번 해내기만 하면, 나머지는 자동적으로 굴러갑니다. 매년 때가 되면, 새로운 수확물들이 나타납니다. 새로운 신발이 필요할 때마다, 신발이 나타납니다. 새 자동차가 필요하면, 자동차가 나타납니다. 집세를 지불해야 할 때가 되면, 그만한 돈이 들어옵니다. 왜 그럴까요? 당신이 "무한한" 공급자를 알아차리고 이해하고 가졌기 때문입니다.

"인피니트 웨이"를 통해 보여주어야 할 것이 있다면, 오직 한 가지뿐입니다. 당신 자신의 의식의 실현. 당신은 자신의 의식 바깥에 있는 무엇인가를 보여줄 수 없습니다. 당신이 보여주어야 할 것은, 당신의 외부에서 일어나는 경험이 아니라, 당신 자신의 의식 안에서 일어나는 경험입니다.

원천으로서의 하나님, 모든 공급의 샘으로서의 하나님에 대한 깨달음을 보여주고 입증하십시오. 당신 안의 하나님을 인지하는 것은, 하나님을 가지는 것이고, 그리하여 하나님께 속하는 모든 것을 당신은 소유하게 됩니다. "아들아, 너는 항상 나와 함께 있으니, 내가 가진 모든 것은 너의 것이다." 당신이 하나님과 함께 하는 한, 당신이 당신과 함께 하는 하나님을 가지는 한, 당신은 무한공급자를 갖는 것입니다. 그것은 건강으로, 돈으로, 이동수단으로, 그리고 당신이 필요로 하는 어떤 것으로도, 나타나게 될 것입니다.

2
비밀주의, 첫째가는 신비의 원리

치유나 다른 어떤 영험한 일이 일어나더라도, 그것을 광고할 필요가 없습니다. 왜냐하면, 하나님께서는 준비가 된 사람들에게만 큰 소리로 알려주실 것이기 때문입니다.

비밀주의는, 일찍이 세상이 잊어먹은 채로 지내온 위대한 긍정의 힘 중의 하나입니다. 나는 여러 글을 통해서 '비밀주의'의 원칙에 대해 이야기한 바 있지만, 여기에서 다시 한 번 힘주어 강조하고 싶습니다. 모든 것이 바로 이 원칙 위에 기반하고 있기 때문이지요. 비밀을 고수할 마음이 없다면, 더 나아질 것이라는 희망 또한 포기하는 편이 나을 것입니다. 영적인 비밀을 깨뜨리는 순간, 당신은 하나님을 잃게 될 것이기 때문입니다.

영적인 비밀

기도를 하게 되면 치유의 기적이나 갑작스러운 공급의 증가를 경험하게 되곤 합니다. 과거의 우리는 그런 일이 생길 때마다 기도가 얼마나 효험이 있었는지, 기도를 통해서 얼마나 좋은 일이 일어났는지를 동네방네 떠들고 다니면서, 하나님께서 좋아하실 만한 일을 하고 있다고 생각하곤 했습니다. 하지만 그것은 전적으로 틀린 생각이었습니다. 이제, 나는 여러분에게 그것이야말로 하나님을 잃어버릴 수 있는 세상에서 가장 빠른 지름길이라고 말하고 싶습니다!

예수께서는 나병 환자를 고쳐 주신 다음 말씀하셨습니다.

"아무에게도 말하지 말아라. 가서, 제사장에게 네 몸을 보여주고…"(마가복음 1:44).

"인피니트 웨이"를 시작했을 당시, 내가 만약 두 달 동안 내적인 입문식을 거쳤으며 메시지를 받았노라고 연설을 했더라면 어떻게 되었을까요? 사람들은 나를 미쳤다고 했을 것입니다. 그런 메시지를 받아들일 준비가 된 사람은 많지 않기 때문입니다. 나의 말을 받아들이는 사람은, 나의 메시지의 열매를 목격한 사람들뿐이었습니다. 왜냐하면 자연에 속한 사람은 하나님의 영에 속한 일들을 받아들이지 아니합니다. 그런 사람에게는 이런 일들이 어리석은 일이며, 그는 이런 일들을 이해할 수 없습니다. 이런 일들은 영적으로만 분별되기 때문입니다(고린도전서 2:14).

당신이 만약 놀라운 영적 경험에 대해서 가족이나 친구들, 이웃들에게 말을 한다면, 당신은 머잖아 사람들이 당신을 피한다는 것을 발견하게 될 것입니다. 그들 자신이 경험하거나 목격하지 않은 것을 이해해 주기를 기대해서는 안 됩니다. 그들이 당신의 눈을 통해서 볼 수도 없고, 당신의 마음을 통해서 알 수도 없는 일이기 때문입니다.

한 권의 책 속에 대단히 심오한 비밀이 담겨 있다고 하더라도, 당신이 그런 것들을 영적으로 분별할 수 있을 정도로 그 비밀들이 당신의 의식에 수입되기 전까지는, 당신은 그것들을 제대로 음미할 수가 없습니다. 그것은 옛 시절, 진주를 캐는 잠수부들과도 같습니다. 그들 자신이 진주를 대단히 가치 있는 것으로 분별하기 전까지, 잠수부들은 진주를 지키고 보호할 필요성을 느끼지 않습니다. 진주와 다이아몬드의 가치가 의식에 입력된 후에야, 그것들을 소유할 마음을 내게 됩니다.

『침묵의 천둥소리』(The Thunder of Silence)라는 나의 책 속에 들어 있는 비밀스러운 것들을 온전히 이해한 사람은, 백 명의 독자들 중 한 명도 채 되지 않았던 것 같습니다. 왜냐하면 그 비밀스러운 것들은 대다수 독자들의 경험의 범위에 들어와 있지 않았기 때문입니다.

그것이 바로 내가, 어떠한 영적인 경험도 자기 자신 안에만 굳게 간직해야 한다고 말하는 이유입니다. 당신이 그런 은밀한 경험을 드러내려고 하면, 사람들은 당신 앞에 불신의 벽을 쌓아올릴 것입니다.

당신이 겪은 모든 영적인 경험들은, 성스럽게 비밀로 간직되어야 합니다. 열매로서 나타날 수 있는 조화와 치유의 경험, 제때에 채워졌던 공급의 경험에 대해서도, 증거하지 말아야 합니다. 될 수 있는 한, 친구들이나 친척들에게 그런 것들을 말하지 마십시오. 당신이 보고 확증하게 된 것들이라도 자연스럽게 일어난 일들인 것처럼 여기고, 기도나 치유의 결과로서 일어난 기적이라고는 생각하지 마십시오. 치유나 다른 어떤 영험한 일이 일어나더라도, 그것을 광고할 필요가 없습니다. 왜냐하면, 하나님께서는 준비가 된 사람들에게만 큰 소리로 알려주실 것이기 때문입니다. 준비가 되지 않은 사람들에게는, 그런 것들을 아는 것이 전혀 유익하지 않습니다.

상당한 정도로 신의식(God-awareness)에 도달하여, 그것을 당신 안에 성스럽게 간직할 수가 있게 되면, 당신은 세상 사람들에게 고요한 영향력을 끼치게 됩니다. 당신이 유명하게 되는 것도 아니고, 세상사람들이 당신의 기념비를 세우는 것도 아니겠지만, 당신 자신의 고요한 방식을 통해서, 당신은 당신의 가족과 친구들, 친척들, 당신이 속한 공동체들, 그리고 궁극적으로는 세상 전체의 건강과 조화에 기여하게 됩니다. 하지만 당신이 경험한 것이 거룩하고 신성한 것이라는 앎에 근거하여, 당신 스스로 비밀을 유지함으로써만 그렇게 할 수 있는 것입니다. 그러니 당신 자신의 내면에 비밀을 간직하십시오!

무엇을 누구와 나눌 것인가?

영적인 삶의 열매를 당신이 보여주기 시작하면, 많은 이들이 당신에게로 와서 당신이 경험한 진실이 무엇이냐고 물을 것입니다. 하지만 그들은 진실이라는 것을 정말로는 알고 싶어 하지 않습니다. 그들은 그 열매를 따고 싶어 하고, 가지고 싶어 하는 것일 뿐입니다! 세상의 모든 빌라도들은 빵과 물고기를 불리는 법을, 병을 치유하는 법을, 다수에게 영향력을 행사하는 법을 알고 싶어 합니다. 많은 이들이 눈독을 들이는 것은, 원리가 아닌 열매입니다. 그것을 알아차리기 시작하게 되면, 당신은 방향을 전환, 그들에게서 돌아서는 편이 낫습니다. 왜냐하면 당신이 현명하지 못하게 비밀을 누설한다면, 그들은 "잘 들었소만, 그것은 말도 안 되는 말이오"라고 말할 것이기 때문입니다. 그러면 당신은 대단히 값비싼 진주를 넘겨주고 만 사람처럼, 그래서 갑자기 가난

하게 되어버린 사람처럼, 허무한 감정을 안고 그들 곁을 떠나게
될 것입니다.

가장 소화되기 쉬운 영적인 음식인 "우유"를 나누어 마시는
것으로 만족해야 합니다. 책이나 테이프처럼 그리 무겁지 않은
진실을 나누십시오. 당신이 할 수 있는 최대한으로 치유를 해주십시
오. 우리는 이런 것들을 자유롭게 나눌 수 있고, 나누어야 합니다.
"진실"의 편지, "진실"의 원리를 나눌 수는 있지만, 경험을 함부로
이야기해서는 안 됩니다. 경험은 각자의 몫으로 남겨두어야 합니다.

"진실"을 찾는 사람들이 있다면, 그때는 당신이 대접받은
대로 대접하면 됩니다. 그들에게는 한 권의 책을 선물하거나 추천
하는 것이 좋을지도 모릅니다. 그들 자신의 노력을 통하여, 힘들이
지 않고 부드럽게, "진실"의 편지를 찾아서 읽을 수 있도록 해주십
시오. 왜냐하면 영적인 세계에 빠진 사람들의 큰 실수 중 하나가,
자신이 다른 사람들을 천국으로 인도할 수 있다고 믿는 데에
있기 때문입니다. 32년 동안의 경험을 통하여, 나는 영적 진실에
도달할 능력을 가진 사람들은 반드시 도달하고야 만다는 것을
알게 되었습니다. 메시지를 통한 나와 그들의 교류는 도움이 되었
지만, 내가 그것을 행한 것도 아니고, "인피니트 웨이"가 행한
것도 아니었습니다. 그렇게 한 것은, 그들을 진실로 이끌어
준 "인피니트 웨이"의 메시지에 대한 그들의 수용성이었습니다.
수용성을 갖지 못한 사람들은, 메시지를 그들에게 여러 날들,

여러 주일들, 여러 달을 쏟아부어도, 이해에 도달하지 못했습니다. 내가 할 수 있었던 것이 있었다면, 이미 장작을 마련해 두고 있는 사람들이 있을 때, 그들의 영적인 소망의 화톳불에 성냥을 그어 불을 붙여준 것뿐이었습니다. 그들로 하여금 이해에 도달하도록 해준 것은, 메시지에 대한 그들의 수용성과 그들의 발달된 영적 능력이었습니다.

그러므로 우리의 영적 경험들은 우리 안에 저장하여 둔 채로 남겨두고, "우유"를 함께 나누어 마시도록 하십시다.

그러한 규칙에는 하나의 예외가 있습니다. 영적인 삶을 보여 주는 사람(프랙티셔너, 달인)을 당신이 정말로 알고 있다면, 그와 함께 당신의 영적인 체험들을 나누는 일에 망설이지 마십시오. 당신의 체험을 그와 함께 나눌 때, 당신은 당신의 영적인 보물들을 그들의 마음 깊은 곳에 쏟아붓는 것이고, 그는 그것을 기꺼이 받아들일 것이며, 당신을 위해 그것들을 불려 줄 수 있습니다. 당신이 더 깊이 더 멀리 나아갈수록, 그 달인이 당신에게 드러내어 보여주는 것은 더 커지게 될 것입니다. 왜냐하면 당신은 그것들을 밭에 심어진 씨처럼 받아들이고, 구현하고, 은밀히 간직할 수 있는 용량을 갖게 될 것이기 때문입니다.

당신이 이 길을 계속 걸어간다면, 당신은 필연적으로 영적인 경험을 하게 됩니다. 당신은 당신의 내면에서 신과 함께 장막 안에서 살아가게 될 것입니다. 당신은 그리스도의 영을 경험을 통해 받아들이고 확신하게 될 것입니다. 의식을 통해 진리의 실상을 받아들이게 되어, 작고 고요한 소리를 듣게 될 것입니다. 하지만 그런 경험을 하더라도, 그것을 광고해서는 안 됩니다. 자기 자신이 상당한 경지로 깨쳤다는 생각이 들더라도, 다른 사람을 깨닫게 하려고 애쓰지 말아야 합니다. 당신의 놀라운 경험들을 말함으로써 누군가를 구해줄 수 있다고는 생각하지 마십시오. 만약 그렇게 하려고 한다면, 그 사람은 당신을 비웃을 것입니다. 기껏해야 "쓸데없는 소리 집어치워!"라거나, 어떤 식으로든 당신의 말을 수정하려고 들 것입니다. 그들의 반응은 결국 그들의 이해의 얄팍함만을 드러내어 줄 것입니다.

신비적인 삶의 가장 으뜸가고도 중요한 원리는 비밀을 유지하는 것임을 기억하십시오. 당신이 알고 있는 것, 당신이 경험한 것을 당신의 내면에 감추고 자물쇠를 채우도록 하십시오. 밭에 뿌려진 씨앗처럼 당신 내면에 간직해 두십시오. 그것을 키워서, 열매를 맺게 하십시오. 그런 다음에 그 열매를 나누면 됩니다.

은밀하게 기도하십시오

예수께서는 은밀하게 기도할 것을 강조하셨습니다. 산상수훈의 첫 시작 부분에서, 예수께서는 우리에게 은밀하게 기도해야 한다고 말씀하셨습니다. 다른 사람들에게 기도하는 모습을 보여서는 안 된다고 하셨습니다. 그분은 사람들이 보는 가운데 기도하는 사람들은, 다른 사람들로부터 받을 복을 다 받은 것이며, 하나님께 받을 복을 깎아 먹는 것이라고 하셨습니다. 이것을 잊어먹어서는 안 됩니다. 우리에게는 선택권이 주어져 있기 때문입니다. 하나님의 은혜보다는 오히려 인간의 인정을 받으려고 하는 경우가 얼마나 많은지 모릅니다.

다른 사람들의 인정을 받고 싶은 욕심에 사로잡혀 남들이 보는 데서 기도하지 말아야 합니다. 교회에 꼬박꼬박 나가는 사람들이 훌륭한 크리스천으로 알려지는 경우가 적지 않습니다. 하지만 예수께서는 이웃의 인정을 받는 대신, 하나님의 은혜를 잃게 된다고 말씀하셨습니다. 기도가 그렇게도 응답받기 어려운 이유 중의 하나가 바로 이것입니다. 우리는 기도라는 용어를 더럽히고 있습니다. 왜 그러한지 그 이유를 알아보기로 합시다.

기도가 응답을 받는 원천은 어디에 있을까요? 사람들이 모여 있는 가운데에서 기도를 한다면, 당신은 어디에서 응답이 오기를 기대하게 될까요? 다른 사람들이 앉아 있는 곳에서부터인가요, 하나님께로부터인가요? 당신의 동료 중의 누군가로부터 응답이 오기를 기대하는 것은 아닌가요? 당신이 기도하는 모습을 보는 사람들은 당신을 훌륭한 크리스천이라고 생각할지 모르지만, 그렇다고 해서 그것이 당신의 기도에 대한 응답이 될 수는 없는 일입니다. 당신의 기도가 응답되는 것은, 말할 나위도 없이, 하나님으로부터입니다. 그렇다면 하나님은 어디에 계실까요? 하나님은 당신 안에 있습니다. 하지만 당신이 기도하고 있는 중에, 당신은 어디에 있었는가요? 당신이 하나님이 계시는 방 가운데에서 벗어나 있었다면, 당신의 기도는 하나님이 계시는 자리에 도달할 수가 없습니다. 당신의 기도는 당신이 기도하는 것을 지켜보고 있는 당신 주변 사람들이 인정하는 높이에까지밖에 이를 수가 없는 것입니다. 당신이 기도하는 동안, 당신의 마음은 하나님에게 있지 않을 때가 많습니다.

당신의 마음이 하나님에게 머물러 있으려면, 당신은 사람들의 영향권에서 멀리 떨어져 지내야 합니다. 주변 사람들의 모습이나 소리, 심지어는 냄새로부터도 영향을 받지 않는, 전화도 받을 수가 없는, 당신 자신의 존재의 성소에 거주하지 않으면 안 됩니다. 하나님과 친하게 지내고 싶다면, 당신에게 도움을 요청하는 소리마저 들을 수가 없는 곳에서 홀로 떨어져 지내야 합니다. 세상 전체와 담을 쌓아야 합니다. 하나님은 당신의 손이나 발보다 더 가까운 곳에, 심지어는 당신의 숨결보다 가까운 곳에 계십니다. 하나님은 당신의 내면에 숨어 계십니다.

하나님에 대한 무지의 베일, 환상의 베일, 미신의 베일을 걷어치우고 싶다면, 거짓된 신들에 대한 숭배의 베일을 치우고 싶다면, 당신은 하나님과 오롯이 함께 있을 수 있는 외딴 곳으로 가지 않으면 안 됩니다. 새들이 우짖는 소리조차 들리지 않는 곳으로 가야 합니다. 그곳은 별들이 나와서 노는 숲속일 수도 있고, 당신의 방안일 수도 있습니다. 어느 곳이든 당신 자신만의 은밀한 곳으로 들어가야 합니다. 그러면 모든 것을 다 보시는 하나님께서 숨김없이 당신에게 보상해 주실 것입니다.

은밀히 기도하고 남모르게 자선을 행하라는 원칙을, 요즈음 사람들은 까맣게 잊어버린 것 같습니다. 전 세계의 사람들이 이 원칙을 깨뜨리고 있습니다. 교회는 이 원칙을 무시하고 있지만, 신약성경에 나온 예수의 말씀은 영원히 남아 있을 것이고, 무시될 수가 없을 것입니다.

하나님이 우리를 위해 우리와 함께 하실 때에는, 세상 전체가 우리를 해치려고 해도 아무런 영향을 받지 않습니다. 은밀하게 기도하고 은밀하게 베풀어야 한다는 것의 본질을 터득할 때, 당신은 바로 이것을 이해할 수 있게 됩니다. 우리가 은밀히 보시는 하나님의 선한 견해를 알고 이해하게 되면, 우리에 대한 다른 사람의 견해가 어떠하든, 우리는 거기에 영향을 받지 않게 됩니다.

다른 사람들로 하여금 당신을 의로운 사람이나 덕있는 사람으로 여기게 하도록, 경건한 척할 필요가 없습니다. 어찌 생각하든, 그것은 그들의 일일 뿐입니다. 하지만 당신과 하나님의 관계는, 다른 사람들의 일일 수가 없습니다. 당신이 하나님과 하나가 되어 하나님의 율법을 깨뜨리지 않고 율법에 상응하여 살아가는 것은, 당신에게 주어진 당신만의 일입니다. 그러므로 예수께서 말씀하셨듯이, 위선자들이 행하는 것처럼 행하지 말아야 합니다. 삼베옷을 입고 재를 뒤집어쓰고 다른 사람들이 당신을 신성한 사람으로 여기도록 다른 사람들의 눈에 띄는 거리 모퉁이에서 기도하지 말아야 합니다. 이런 짓은 하지 말아야 합니다. 자연스러운 복장을 하고, 밝고 기쁜 낯빛을 하고, 하나님과 은밀한 관계를 유지해야 합니다.

은밀하게 베풀어라

진정으로 하나님께 가기를 원한다면, 진실로 기도하기를 원한다면, 무엇보다 요구되는 한 가지는, 은밀하고 고요하고 평화롭게, 고독 속에서 머물러야 한다는 것입니다. 증거는 맨 나중에 할 필요가 있을 때 하면 됩니다. 우리의 기도, 우리의 베풂, 우리의 내적인 친교는 그렇게도 거룩한 것이기에, 은밀함 가운데 행해져야 합니다. 당신의 호의와 자비가 다른 사람들에게 알려지는 것에 가치를 두어서는 안 됩니다. 신문 칼럼에는 이런 저런 자선 행위가 실릴 수 있습니다. 이런 자선 행위는 그런 기부로부터 유익을 얻는 사람들에게는 축복이 될 수 있지만, 기부자에게는 아무런 유익함이 없습니다. 그 점을 확실하게 알아야 합니다! 이것이 영적인 법칙입니다!

베푸는 것은 기도의 한 형태입니다. 왜냐하면 그것은 다른 사람들이 우리에게 해주기를 바라는 그 행위를 우리가 다른 사람들을 위해서 행하는 일이기 때문입니다. 준다는 것은 우리의 이웃들을 우리 자신처럼 사랑하는 행위이고, 그러므로 그것은 기도인 것입니다. 베풂의, 자선의, 도움의 기도는 성스러운 것입니다. 거룩한 행위는 은밀하게 행해져야 합니다. 그것은 아버지와 당신 사이에 이루어지는 무엇이어야 합니다. 왜냐하면 당신이 주는 것은 무엇이든 당신 자신의 것이 아니기 때문입니다. 그것은 하나님의 것입니다. 지구는 주의 것이고, 그분에 속하기 때문에 온전합니다. 당신의 것이 아닙니다. 당신은 지금 이 순간 백 원이든 일억 원이든, 그것의 관리인일 뿐입니다. 얼마를 지니고 있든, 그것은 당신의 것이 아닙니다! 그러므로, 베풂에 있어서도 당신은 아버지의 대리인으로서 행위하고 있는 것일 뿐이고, 아버지는 공개를 원하시지 않습니다. 왜냐하면 아버지의 사랑은 개인적이거나 부분적이지 않고 전 우주적인 것이기 때문입니다. 베풂은 은밀하게 행해져야 합니다. 기도와 마찬가지로 은밀한 가운데에 행해져야 합니다. 기도는 세상 사람들 앞에서 행해져서는 안 됩니다.

다른 사람을 도와주려는 마음은 고상한 동기에서 나온 것이지만, 주는 것 자체에는 고상함이 깃들여 있지 않으며, 하나님 이외에는 누구도 알게 해서는 안 됩니다. 당신에게 주어진 것들은 은혜에 의해 당신에게 주어진 것이고, 그것을 당신의 마음의 크기에 따라 나누는 것은 당신의 특권입니다. 하지만 누군가를 돕고자 한다면,

그것은 당신과 당신의 진심과 하나님 사이의 일입니다. 돕는 수단을 제공하는 것은 다른 누구의 일이 아니라 당신과 하나님의 일입니다. 당신이 누군가를 돕는 것이 당신과 하나님의 일이 아니라면 누구의 일이겠습니까? 궁핍에 빠진 사람들의 지금 상황과 그들이 자선을 받아들였다는 것을 세상 사람들에게 말하는 것이, 그들에게 사랑의 행위가 될 수 있을까요? 그들의 이웃이나 공동체에 자신들이 궁핍에 빠져 있다는 것이 알려지게 된다면, 그들은 당황하거나 비참한 마음이 들게 될 것입니다.

자신의 호의적인 행위를 널리 알리는 것은 대중들로 하여금 자신에게 호감을 품게 하려는 것과 마찬가지여서, 하나님의 은혜를 오히려 상실하게 될 것입니다. 은밀하게 베푸십시오, 그러면 은밀히 보시는 아버지께서 보상해 주실 것입니다.

뭔가 필요가 생긴다면, 언제나 "아버지께서는 당신이 필요로 하는 것이 무엇인지 이미 아신다"(마태복음 6:8)는 것을 기억하십시오. 당신에게 그것을 더 잘 줄 수 있는 이가 하나님 말고 누구이겠습니까? 이 사람 저 사람에게 말을 하고 다니면 누군가 당신을 도와줄 것이라는 희망을 품고, 아무에게나 말을 퍼뜨리고 다니지 말아야 합니다.

필요한 것들이 있으면 그것을 가슴에 묻어둔 채로 입을 다물고 있으면, 오래지 않아 채워지게 됩니다. 왜냐하면 우리 안에서 은밀히 보시는 아버지께서 보상을 해주실 것이기 때문입니다.

덕은 결국 세상에 알려지게 된다

"나는 아버지와 하나"라는 것을 당신 안의 은밀하고 성스러운 곳에 간직함과 더불어, 내가 아버지와 하나라는 것은 곧 나와 나의 이웃 또한 하나라는 뜻임을 잊지 말아야 합니다. 왜냐하면 우리는 모두 똑같은 아버지의 자녀들이기 때문입니다. 우리는 똑같은 나무의 가지들입니다. 우리는 모두 하나의 생명나무입니다. 이런 뜻을 내면에 품고 살아가십시오. 그것을 굳이 소리내어 말할 필요는 없습니다. 다른 사람들과의 관계 속에서 사랑과 연민을 갖고 도움을 주고, 서로 의존하고 협력하게 되면, 당신이 베푼 덕은 결국 지붕 위에서 큰 소리로 외쳐지거나 한 것처럼 널리 알려지게 될 것입니다.

정직함이나 도덕성도 마찬가지입니다. 당신이 정직한 행동이나 덕 있는 행동을 했다고 할지라도, 그것을 굳이 사람들에게 자랑할 필요가 없습니다. 에머슨이 말한 것처럼, "너무 큰 소리로 떠들면, 무슨 소리를 하는지 알아들을 수가 없기" 때문이지요. 그러므로 자신이 정직하고 성실하다고 해서 그것을 다른 사람에게 떠들지 말아야 합니다. 다른 사람으로 하여금 스스로 알아차리게 하십시오. 자신에게 덕이 있다고 하여 그것을 다른 사람에게 은근히라도 말하지 마십시오. 그들 스스로 알아차리게 하십시오. 자선을 베풀거나 다른 사람을 용서한 일이 있다고 해도 그것을 다른 사람에게 알리지 마십시오. 그들 스스로 알아차리게 하십시오.

우리가 비밀 유지를 하면, 하나님께서는 어떤 식으로든 우리의 자질을 세상에 알리십니다. 우리는 목소리를 낼 필요가 없습니다. 그러면 우리는 우리의 은밀한 선과 하나님과 우리의 관계를 우리 내면에 유지함으로써 생기게 되는 유익함을 누리게 됩니다.

말하는 것이 나쁜 것은, 좋은 것들을 우리에게서 "새어 나가게" 하기 때문입니다. 그것은 마치 기발한 발명품을 창안해 놓고는 그것을 동네방네 떠들고 다니는 것과도 같습니다. 그렇게 되면, 머리 빠르고 발 빠른 누군가가 먼저 특허를 등록해 버립니다. 그것은 또, 밍크코트를 반값에 사려고 여러 달 동안 세일 기간을 기다리는 여인과도 같습니다. 여인은 친구들과 친척들에게 전화를 걸어서 언제 어디서 기가 막힌 세일을 단행한다고 소문을 퍼뜨립니다. 그리하여 막상 여인이 가게에 가서 밍크코트를 사려고 하면, 그때는 이미 코트가 다 팔려나가고 없습니다.

우리의 외부적인 경험은 우리의 의식 상태가 바깥으로 표현된 것입니다. 우리는 우리 의식 안에서 진행되고 있는 일들에 대해서 말을 할 필요가 없습니다. 의식 안에서 일어나고 있는 일은, 스스로 자기 자신을 표출하게 될 것입니다. 다시 말하자면, 우리가 "나는 아버지와 하나이다. 나는 언제나 나의 아버지와 함께 존재하고, 아버지가 가진 모든 것은 나의 것"이라는 깨달음 속에서 아침이고 낮이고 밤이고 살아간다면, 그러한 진실 속에서 살아가면서 그것을 내면 깊은 곳에 간직한다면, 결국 다른 사람들은 그것이 절대적으로 진실이라는 것을 목격하게 될 것입니다. 그것을 누군가에게 말하는 것은 어리석은 일입니다. 왜냐하면 그런 말을 듣고 믿을 사람은 아무도 없을 것이기 때문입니다. 우리 안에 의식의 형태로 간직된 것은 겉으로 나타나게 마련입니다. 우리는 그것을 굳이 말로 나타낼 필요가 없습니다.

하나님의 나라는 우리 안에 있고, 우리의 내면 깊은 곳에서 우리는 하나님과 하나라는 은밀한 깨달음 안에서 살아가야 합니다.

"그러므로 너희는 보잘것없는 사람에 의지하지 말라. 사람의 호흡은 한낱 그의 코에 달려 있을 뿐이니."(이사야 2:22)라는 말씀이 있지만, 이것은 어디까지나 육신이 전부인 줄로 살아가는 사람을 가리킨다는 것을 분명히 알아야 합니다.

아버지와 더불어 은밀히 사색하고 묵상하는 내면의 삶을 살도록 하십시오. 당신은 지금 포도나무와 더불어 하나가 된 삶을, 당신 안에 있는 그리스도와 하나 된 삶을 살고 있습니다. 외부의 길과 통로를 모두 차단한 채, 하나님과 내적으로 온전히 친교를 나누는 삶을 살도록 하십시오.

"너희는 권력가들을 믿지 마라. 사람은 너희를 구해 줄 수 없으니"(시편 146:3).

3

진리의 활성화를 위한 명상

하나님의 영이 당신 안에 살고 있다는, 당신의 손발보다 더 가깝고 숨결보
다 더 가깝게 거주하고 계시다는 진리에, 마음의 문을 여십시오.

 그리스도교에서는 대부분 주님의
영(the Sprit of the Lord)은 사방천지 어디에나 없는 곳 없이
존재한다고 가르칩니다. 그것이 진실이라면, 모든 사람이 자유롭
고, 건강하고, 부요하고, 자주적이고, 기쁨과 조화 속에서 살아가야
하는 것이 아닐까요? 결핍과 한계, 속박과 노예 상태라는 것은
없어야 하는 것이 아닐까요? 하지만 세상의 어디를 둘러보아도
현실은 그렇지 않습니다. 주님의 영이 없는 곳 없이 존재한다면,
어떻게 세상이 이럴 수가 있는 것일까요?

이것은 전기 현상과도 같습니다. 전기는 어디에나 존재합니
다. 하지만 전기를 실제로 사용하려면, 전원에 접속시켜야 합니다.
코드를 꽂아야 합니다. 그렇지 않으면 전기는 없는 것이나 마찬가

지입니다. 주님의 영 또한 다를 것이 없습니다. 절대적인 영적 의미에서, 주님의 영은 어디에나 존재합니다. 하지만 당신이 하나님을 깨닫지 못하고 있다면, 그래서 당신이 하나님과 접속하지 않는다면, 하나님의 실제적인 현존을 느끼지 않는다면, 당신에 관한 한, 하나님은 거기에 없는 것입니다. "인피니트 웨이"의 원리는, 주님의 영은 주님의 영을 깨달아 아는 곳에만 존재한다는 것입니다.

자아실현은 신의 실현 (God-realization)

비밀은 "의식"이라는 단어에 있습니다. 당신이 주님의 현존을 의식한다면, 당신이 하나님의 활동을 의식한다면, 그때, 그것은 당신에게 현실이 됩니다. 이러한 의식을 발전시키기 위해, 우리는 명상을 하거나 이미 깨친 분(프랙티셔너)들에게 도움을 요청합니다. 우리 스스로 주님의 영을 깨달을 때까지, 우리는 하나님을 깨닫기 위해 (타고났든, 발전시켰든) 능력을 지닌 사람을 바라볼 수밖에 없습니다. 당신이 예수 그리스도나 요한, 혹은 바울의 의식에 접속할 수 있다면, 당신의 고통이나 괴로움은 즉각 사라지고, 조화로운 삶을 회복할 수 있을 것입니다. 왜냐하면 당신은 신성의 실현을 달성한 사람의 의식과 접속되었기 때문입니다. 그 달인이 "인피니트 웨이"의 학생이든, "크리스천 사이언스"의 학생이든, 신의식(God-consciousness)을 깨달은 자라면 이름이

나 종파와는 아무 상관이 없습니다. 신의식을 깨달은 자가 아니라면, 그 달인이 어떠한 가르침을 추종하든, 한갓 인간적인 위로 외에는 얻을 것이 없을 것입니다. 당신 안의 신성이 발현되지 않고서는 진정한 건강, 조화, 온전함, 완전함, 완벽함 같은 덕목들은 실현될 수가 없습니다.

"인피니트 웨이"의 달인들은 당신이 필요로 하는 것을 빨리, 확실하게 채워줄 능력을 가지고 있습니다. 왜냐하면 "인피니트 웨이"는 신성을 실현하는 데 있어서 선구적인 가르침이기 때문입니다. 하지만 가르침 자체가 당신의 필요를 충족시켜 주는 것은 아닙니다. 그것은 당신이 달인의 도움으로 얼마나 신성을 실현하느냐에 달려 있습니다. 어떤 진리이든 그것의 유일한 가치는, 그것을 당신이 어느 정도로 깨닫고 실현시키느냐에 달려 있습니다.

그렇습니다, 당신은 당신에게 도움을 주거나 특별한 치유를 해줄 수 있는 달인을 찾을 수 있습니다. 하지만 당신이 자기 자신의 영적인 의식을 발전시키시지 않는다면, 당신은 인간의 질병들로부터 영원한 자유를 기대할 수가 없습니다. 마스터는 그 점을 분명히 하셨습니다. "내가 가지 않는다면, 위로자는 그대들에게 오지 않을 것이다." 나, 조엘이 여러분에게 날마다 증거가 될 만한 것을 보여주고 있다고 한다면, 내가 떠나고 나면 여러분은 어떻게 될까요? 누군가에게 의존하고 있었다면, 누구나 한 번쯤 자문해 보아야 할 일입니다. 그러니 누구에게도 의존해서는 안 됩니다.

진리를 알아야 할 사람은 바로 당신 자신입니다. 영원히 살 수 있는 길을 연구하고 연습하여, 진리를 이해하기 시작하고, 그것을 선포하고, 그것을 살고, 그것과 더불어 일하고, 인간의 질병으로부터 영원히 자유로울 수 있어야 합니다.

영적인 길을 걷는 단 한 가지 이유는, 영적인 의식을 구축하기 위함입니다. 그 길을 가게 되면, 우리는 어느 날 자기 자신이 질병으로부터 자유하게 되었다는 것을 발견하게 됩니다. 그리하여 더 큰 조화의 삶이, 우리의 모든 인간관계 안에 구축됩니다. 하지만 이것이 영적인 길을 가는 이유의 전부는 아닙니다. 이것은 단지 덤으로 얻어진 효과의 하나일 뿐입니다. 영적인 길을 걸음으로써 우리는 부조화와 불균형, 죄, 질병, 궁극적으로는 죽음마저도 극복할 수 있는 것입니다.

영적인 의식

영적인 의식, 곧 영성이란 무엇일까요? 영적인 의식이란 모든 면에서 보이지 않는 무한한 힘을 믿고 의지하는 것입니다. 영적인 지각, 또는 의식은, 오직 한 분이신 하나님이 계시다는 것, 오직 하나의 생명, 하나의 사랑, 하나의 본질, 하나의 법칙, 하나의 활동, 하나의 원인, 하나의 결과—우리가 아는 '하나님'과의 모든 동의어—만이 존재한다는 것을 드러내어 줍니다.

물질 중심의 의식은 바깥 세상에 있는 것을 믿습니다. 예를 들어 봅시다. 마음의 중심을 물질적인 것에 두고 살아가는 사람은, 뉴욕에서 샌프란시스코로 가기 위해서는 많은 돈이 든다고 믿습니다. 돈이 있어야 샌프란시스코에 갈 수 있다고 믿습니다. 영적인 데에 마음의 중심을 두고 살아가는 사람은, 그런 여행은 하나님의 은혜가 있으면 된다고 믿습니다. 보이지 않고, 들리지 않고, 만질 수 없는 힘을 믿는 것입니다.

물질적인 것에 마음의 중심을 두고 살아가는 사람은, 아스피린이 두통을 낫게 만든다고 말합니다. 영적인 것에 마음의 중심을 두고 살아가는 사람은 건강은 하나님의 활동이며, 하나님의 은혜가 건강의 원천이라고 말합니다.

영적인 것에 마음의 중심을 두고 살아가는 사람은, 눈에 보이는 것은 눈에 보이지 않는 것이 겉으로 표현된 것임을 알고 또 믿습니다. 성경은 성자들과 예언자들이 눈에 보이지 않는 세계로부터 들은 말이나 글입니다. 그렇지 않다면 성경이 어떻게 존재할 수가 있었겠습니까? 눈에 보이지 않는 세계를 눈에 보이는 글로 표현한 것이 바로 바이블인 것입니다. 하지만 이런 말들은, 당신을 보이지 않는 근원으로 돌아가게 해주는 도우미들일 뿐입니다. 당신은 그런 도우미들로 인해 성경이 전해주는 것 이상의 말들을 직접 전해 받을 수 있어야 합니다. 이미 인쇄된 말들만을 따라서 살아가는 것은, 이미 이루어진 하나의 결과물에만 의존하는 것입니다. 심하게 말하면, 껍데기에 지나지 않은 것들에 매달릴 필요가 없습니다. 당신이 직접 근원에서부터 더 많은 말을 들을 수 있는 기회가 언제 어디에서든 주어져 있다는 것을 잊지 말아야 합니다. 보이는 세상에서 보이지 않는 근원을 깨닫는 가운데 살아가는 것이, 삶의 본질, 삶의 알맹이를 사는 일입니다. 왜냐하면 우리는 빵만으로는 살 수 없고, 하나님의 입에서 나오는 말씀에 의해서 살아가야 하기 때문입니다. 빵은 삶의 주재료가 될 수 없습니다. 하나님의 말씀이 삶의 주재료가 되어야 합니다. 당신의 내면의 보이지 않는 곳에서부터 보이는 곳으로 말씀이 흐르도록 해야 합니다.

사람은 자신이 여기저기 가게를 돌아다니기만 하면 결국엔 자신이 원하는 특정한 물건을 적당한 가격에 살 수 있을 것이라고 믿습니다. 이것이 인간의 방식입니다. 영적인 방식은, 가게에서는 찾을 수 없다는 것을 깨닫는 것입니다. 가게는 목적지가 될 수 없습니다. 당신이 찾아야 하는 유일한 가게가 있다면, 그것은 당신 내면에 있는 하나님의 선물입니다. 그것은 당신의 내면에 이미 주어져 있으며, 바깥으로 표출되기를 기다리고 있습니다. 보이지는 않지만 이미 그것이 당신의 내면에 확립되어 있음을 깨달을 때, 어떤 식으로든 당신은 당신이 원하는 것이 진열되어 있는 가게로 이끌리게 되고, 거기에서 당신은 당신이 원하던 그것이 당신을 기다리고 있는 것을 발견하게 될 것입니다!

진정한 자산은 당신의 내면에 있다는 깨달음이 없이 먹을 것을 구하려고 시장에 가는 것은 무익합니다. 시장에 마음과 몸을 내다팔아서는 안 됩니다. 당신이 구하고자 하는 모든 것이 내면에 있다는 깨달음을 안고서 시장에 가게 되면, 영적인 깨달음이 당신에게 방향을 가리켜 보이고, 그럼으로써 당신은 헤매는 일이 없이 돈과 시간을 절약하게 될 것입니다.

몸과 마음을 분주하게 하기 이전에, 먼저 근원을 향해야 합니다. 그것은 바로 당신 안에 있는 하나님입니다. 세상 만물의 근원은 하나님입니다. 하나님이 근원이고, 활동이며, 본질이고, 자산입니다. 일도 하나님에게 속하고, 휴가도 하나님에게 속하도록 해야 합니다. 영적인 데에 중심을 두고 사는 사람은, 보이지 않는 무한성에만 기대고 의지하면서 살아갑니다. 우리가 삶을 외부적인 가치에 의존하지 않게 되면 될수록, 우리의 영적인 의식은 발전되어 나가게 됩니다. 영적인 의식을 발전시키는 것이, 우리들 인생의 가장 중요한 부분이 되어야 합니다.

진리를 깨닫고 실현시킴에 따라, 당신은 치유자가 됩니다. 반드시 공식적인 프랙티셔너가 되어야 하는 것은 아닙니다. 영적인 치유를 원하는 가까운 사람들에게 치유의 달인이 되어 길을 제시해 줄 수 있다는 것은, 얼마나 큰 능력이고 행복인지 모릅니다.

영적인 의식을 키우려면

우리는 우리의 의식 안에 있는 살아 있는 "진리"의 활약을 통하여 영적인 의식을 발전시킵니다. 이는 두 단계로 완수됩니다.

첫 번째 단계는, 초심자로서 읽고 들음으로써 우리 자신을 진리에 노출시킬 때 이루어집니다. 성경의 진술들과 참된 형이상학적 진술들을 더 많이 읽고 숙고할수록, 우리는 더욱 더 영적인 생각을 하게 됩니다. 우리의 의식 안에서 진리가 더 많이 활약하게 되는 것입니다. 진리를 읽고, 듣고, 생각하고, 교회의 예배에 참석하고, 강의나 교육을 받는 데에 많은 시간을 쏟게 되면, 더 중요한 두 번째 단계로 진입하게 되는 결실을 맺게 되는데, 이 단계에서는 영감이 우리들의 내면에서 솟아나게 됩니다.

의식 안에서 진리가 활성화되는 초기의 경험들을 통과하고 나면, 우리는 두 번째 단계에 이르게 되는데, 우리는 그때 명상을 통하여 "진리"를 더욱 더 절실하게 받아들일 수가 있게 됩니다. 이 단계에서 우리는 더 이상 진리를 머릿속 헤아림으로 생각하거나 읽거나 듣지 않습니다. 대신 우리는 내적인 귀, 내적인 눈을 발전시켜서, 고요하고도 작은 소리를 인식하게 되어, "하나님의 말씀"을 전달받게 됩니다. 의식 안에서 진리가 활성화될 때 가장 중요한 국면은, 진리가 우리 자신의 존재의 내면으로부터 우리의 의식으로 퍼져 나갈 때입니다. 이러한 흐름이 내면에서 시작되면, 우리는 굳이 영적인 서적을 읽거나 교회의 예배에 참석할 필요를 느끼지 않게 됩니다. 왜냐하면 우리 자신의 존재 안에서부터 우리는 이미 충분하기 때문입니다. 원한다면 여전히 강의를 듣고, 예배에 참석할 수도 있겠지요. 하지만 이제는 더 이상 그런 것들에 매이지 않게 됩니다. 예배나 강의에 참석하는 것은, 사귐의 기쁨을 위해서 그렇게 하는 것일 뿐입니다.

명상을 통한 영적 의식의 고양

명상의 첫 번째 단계는 하나님과 영적인 세계에 대해서 인지하고, 숙고하는 것입니다. 예를 들어 봅시다. "하나님은 누구인가? 영적 세계란 무엇인가? 나는 하나님에 대해 거의 알지 못하고 있다. 우리가 실제로 하나님의 활동을 보고 들을 수는 없을까? 보고 들을 수 있다면, 어떤 내용일까?" 이런 물음표를 하늘을 향해 쏘아 올리는 것입니다. 그것이 바로 내가 숙고한다고 하는 것의 의미입니다. 이것을 고요한 마음으로 반복하는 것입니다. 이것이 명상의 단계이자 상태로서, 명상은 영적인 의식과 접속하도록 우리를 도와줍니다.

명상은 본질적으로 우리를 하나님과 접속하게 해주는 역할을 할 뿐입니다. "인피니트 웨이"를 통해서 우리는 하루에도 여러 차례, 이 목적을 위해서 명상을 합니다. "그대의 받은 은혜가 차고 넘치나니"라든가, "주님의 영이 계시는 곳에는 자유가 있다"
라든가, "사람이 빵만으로는 살 수 없고 하나님의 말씀으로 살지니"
같은 성경의 구절들을 고요한 마음으로 숙고하기도 합니다. 5분
정도 성구를 숙고하고, 그런 다음에는 완전한 고요 속에서 일분이
나 2분 정도 앉아 있다가 일을 시작합니다. 접속이 일어날 때까지
자리에 앉아 기다리지는 않습니다. 명상 중에는 단지 수용성의
상태로 우리 자신을 열어놓고, 일터로 갑니다. 왜냐하면, 실제적인
"클릭", 곧 접속은 10분이나 12분 후에, 혹은 한 시간 후에, 혹은
밤중에 잠을 자는 중에도 올 수 있기 때문입니다.

　오늘 아침, 여러 시간 동안 숙면을 취한 후에 깨어났을 때,
나는 접속 상태에 있는 것을 알아차렸습니다. 잠이라는 완전한
휴식 중에, 접속이 일어났던 것입니다. 이런 일은 누구라도 경험할
수 있습니다. 하루를 온전하게 잘 지내려면, 하루 일과를 시작하기
전에 명상을 하는 것이 좋습니다. 한 시간 후, 당신은 갑작스럽세
영의 한가운데에 당신 자신이 있는 것을 발견하게 될 것입니다.
물론 그보다 더 늦게 일어날 수도 있겠지만요.

　접속이 일어날 때까지 명상을 하면서 기다리는 것은 현명한
일이 아닙니다. 왜냐하면 기다림이란 정신적인 긴장을 불러오기
때문입니다. 긴장 상태에서는 접속이 일어나지 않습니다. 생각이
멈추는 순간에만, "신랑이 옵니다." 머릿속의 헤아림이 없는 순간
에만, 하나님과의 접속이 일어나는 것입니다. 하나님과의 접속은,

생각이 계속해서 진행되는 상태에서는 이루어지지 않습니다.

발명은 하루아침에 이루어지지 않습니다. 발명을 위해 많은 생각을 기울이고 또 기울이지만 해결책이 떠오르지 않는 경우가 적지 않습니다. 문제를 붙안고 씨름을 하다가 문제를 완전히 내려놓고 테니스를 치러 가거나 잠을 자러 가거나 푹 쉬러 갈 때, 발명가로서의 마음이 완전히 해체되었을 때, 문제의 해결책이 갑자기 생각납니다. 우리의 일도 마찬가지입니다. 우리의 마음이 헤아림을 멈추었을 때, 예수 그리스도의 마음이 작동하기 시작합니다.

이렇게 접속을 이루기 위해서는, 마음을 고요히 가라앉히고 진리의 말씀들을 기억하고 되비추어보면서 자주 명상을 해야 합니다. 그렇게 함으로써 진리가 삶의 많은 부분을 차지하게 되면, 우리는 진실로 빵만으로 사는 것이 아니라 하나님의 말씀에 의해서 살아가게 됩니다. 우리의 의식이 기꺼이 진리를 맞아들일 수 있게 되는 것입니다.

명상은 진리에 대한 아주 짤막한 말씀이라도 우리의 의식 안에 불꽃을 지피고, 그래서 우리의 의식 안에서 진리가 활성화되게 함으로써, 우리의 영적 의식에 발전을 가져옵니다. 우리가 읽은 책이 그렇게 해주는 것이 아닙니다. 영적 의식에 발전을 가져오는 것은, 우리가 읽은 책을 소화시켜서 실천함으로써입니다. 진리를 공부하는 것은 우리의 삶이 보여줄 수 있는 아주 작은 부분일 따름입니다. "사람이 빵만으로 살 것이 아니요 하나님의 입에서 나오는 말씀으로 살 것"이라는 말씀은, 아름다운 진술입니다. 하지만 하나님의 말씀은, 단지 진리의 씨앗에 지나지 않습니다. 말씀을 읽고 또 읽는 것만으로는, 영적 의식이 높아지지 않습니다. 그것을 의식 안으로 받아들이고 소화시켜서 그것에 의해 살아야 합니다.

몇 분마다, 30분마다, 혹은 매 시간마다, 멈추어서 진리의 몇몇 구절들을, 성경 구절들을, 여러분이 공부하고 있는 책의 말씀을 기억하고, 음미하고, 묵상하는 연습을 해야 합니다. 하나님의 말씀들을 밤낮을 가리지 않고 당신의 의식 안에 거듭 거듭 받아들이는 연습을 해야 합니다. 결국 당신은 자신이 먹는 음식에 의해서가 아니라 그러한 진리 말씀에 의해서 먹고, 옷 입고, 그 안에서 집을 짓고 살아간다는 것을 발견하게 될 것입니다. 당신은 당신의 자연적인 능력에 의해서라기보다는, 당신의 의식 안에 있는 진리 말씀에 의해서 당신의 사업이 더욱 번창하고 있다는 것을, 당신의 재능과 능력이 발달하고 있다는 것을 알아차리게 될 것입니다.

우리는 이런 연습을 "하나님의 현존 알아차리기 수련"이나 "명상하기"라고 부릅니다. 이것은 "하나님의 말씀"을 곰곰 생각하고, 인지하고, 거듭 숙고하여, 그것을 우리의 의식 안에 간직하고 유지한다는 뜻입니다. "명상"은 "영성을 길어올리는 펌프질"이라고 할 수 있습니다. 왜냐하면 이런 식으로 몇 달 동안 살다 보면, 새로운 체험이 당신의 인생 안으로 들어오게 되기 때문입니다.

"당신이 생각으로 헤아리지 않는 순간", "진리의 말씀"이 보이지 않는 곳으로부터, 당신의 의식 안으로 들어오게 될 것입니다. 당신이 의식적으로 생각하지 않았던 무엇인가가 의식 안에 떠오르는 것입니다. 뭔가를 필요로 하는 순간에, "진리의 말씀"이 필요한 순간에, 하나님께서 말씀을 당신의 귀에 속삭여 주십니다. 이것은 당신이 은혜에 의해 살기 시작하는, 영적 의식의 실제적인 단계입니다.

당신의 귀를 열고 내면으로부터 전달되는 메시지를 받아들일 수 있을 때, 당신의 내면에서 하나님의 말씀을 받아들일 수 있을 때, 당신은 은혜에 의해서 사는 것입니다. 무엇을 먹을지, 무엇을 마실지, 당신의 삶을 위해서는 아무것도 생각하지 않지만, 아무런 인간적인 노력을 하지 않는데도 당신의 삶을 조화롭게 운영하는 "보이지 않는 신의 손길"을 느끼게 됩니다. 당신은 "보이지 않는 신"이 계시다는 것을 알아차리고, 영적인 의식을 더욱 더 고취하게 됩니다.

저 또한, "내주하시는 하나님의 현존"을 알아차리지 못했던 시절이 있었습니다. 다소의 사울과도 같이, 나는 자신을 비즈니스맨으로서만 알고 있었습니다. 나는 그 이상의 다른 무엇이 있다고는 생각해 본 적이 없었지요. 어느 날 내가 "빛을 보게 되기" 전까지는 말입니다. 그 이후 나는 내 안에 "하나님의 영"이 살고 계시고, 바로 내 가까이에 계시다는 것을 알았습니다. "하나님의 영"은 나의 용모에는 빛입니다. "하나님의 영"은 나의 발에는 램프입니다. "하나님의 영"은 나의 높은 탑입니다. "하나님의 영"은 내가 사는 곳이고, 나의 은신처입니다. "하나님의 영"은 나의 빵, 나의 고기, 나의 포도주, 나의 물입니다. "하나님의 영"은 나를 위해서 내가 말하는 말들을, 내가 쓰는 메시지들을, 내가 세상을 돌아다닐 수 있는 자금을, 책을 펴낼 수 있도록 출판업자들을 제공해 주십니다. 이 모든 것은 내 안에 거주하시는 "하나님의 영"께서 제공해 주시는 것들입니다. 영적인 의식이 고취되는 순간, 그것을 알아차리게 해주시는 분도 "하나님의 영"이십니다.

하나님은 사람을 차별하는 법이 없습니다. 그러니 당신이 그것을 무엇이라고 부르든, 하나님의 영이 거주하지 않는 사람은 없습니다. 그것은 "그리스도", "하나님의 아들", "내주하시는 영", "메시아" 등등, 이름은 다양할 수 있습니다. 그것은 눈에 보이지 않습니다. 그것은 비물질적입니다. 당신은 그것을 볼 수도, 느낄 수도 없습니다. 하지만 당신은 그것을 경험할 수 있고, 그것의 열매에 의해서 압니다. 왜냐하면 그것의 현존을 깨달음으로써, 당신은 즉각 모든 두려움을 잃어버리기 때문입니다. 당신은 더 이상 삶을, 삶의 모든 경험을 두려워하지 않고, 심지어는 죽음조차도 두려워하지 않을 수 있습니다. 바울은 그런 상태를 이렇게 말했습니다.

"삶이나 죽음이 이제 더 이상 나를 하나님의 사랑으로부터, 하나님의 생명으로부터, 하나님의 뜻으로부터 분리시켜 놓을 수 없습니다. 하나님의 뜻이 무엇이든, 이 세상에 머무는 동안이나 다음 세상에서나, 그것은 반드시 이루어질 것임이 분명합니다. 왜냐하면 그분은 그것이 일어나는 것을 볼 수 있도록 내 안에 그분의 아들을 심어놓으셨기 때문입니다."

바울이 경험했던 진실이 당신에게도 진실이 됩니다. 한 개인에게 해당하는 진실이 다른 모든 이들에게는 진실이 아니라면, 거기에는 참된 하나님이 계시지 않은 것입니다. 하지만 한 분이신 하나님, 한 분이신 아버지가 계시고, 이 아버지는 당신의 아버지이고 나의 아버지입니다. 이 아버지께서는 당신 안에 자신을 태어나도록 하기 위해서 그분의 아들을 제공하셨습니다. 이러한 거듭남은 당신의 의식을 신비한 "그것"에 열어놓는 당신의 능력, 당신 자신을 신비한 "그것"에 순종시키는 당신의 능력, 인간적인 힘과 능력에 따라 살지 않을 수 있는 당신의 능력, 칼을 빼들지 않고 참을 수 있는 당신의 능력, 화와 미움, 두려움을 멈출 수 있는 당신의 능력에 비례합니다. 당신은 그것을 인간적으로는 행할 수 없습니다. 하지만 당신은 하나님의 은혜에 의해서, 이 모든 것을 당신의 의식에서 사라지게 할 수 있습니다.

하나님의 영이 당신 안에 살고 있다는, 당신의 손발보다 더 가깝고 숨결보다 더 가깝게 거주하고 계시다는 진리에, 마음의 문을 여십시오. 무엇보다도, 죄를 지으면 하나님께서 당신을 버리신다는 신학적 난센스는 믿지 마십시오. 당신이 죄를 짓는 순간이야말로 하나님을 가장 필요로 하는 순간이 아니겠습니까. 어떻게 하나님이 자기 자신을 버릴 수 있겠습니까. 그런 것은 믿지 마십시오.

"하나님의 한 아들"이 당신 안에 거주하고 있다는 깨달음에 의식의 문을 여는 순간, 당신은 간음한 여인에게 "나는 그대를 벌하지 않겠다. 그대의 죄는 용서되었다."고 하신 예수의 그 말씀이, 바로 당신을 가리켜 보이며 하시는 말씀임을 알게 될 것입니다. 십자가 위에서 옆자리의 강도를 향해 "너는 오늘 밤 나와 함께 천국에 있을 것이다."라고 하신 그 말씀 또한 당신을 향한 말씀입니다. "하나님의 한 아들"이 계시다는 깨달음에 당신의 의식을 여는 순간, 그분이 당신에게 나타나셔서—반드시 형상을 띠고서가 아니라 의식으로—하시는 말씀을 듣고는 확신하게 될 것입니다. "나는 용서받았다. 나는 자유다."

기도의 원리

진정한 기도는 주변에 영향력을 끼치려고 하거나 다른 사람들을 조정하려고 하지 않습니다. 진정한 기도는 하나님을 이용하려고 하지 않습니다. 탄원의 기도나 청원의 기도는 진정한 기도가 아닙니다. 왜냐하면 성경이 우리에게 말하듯이, 우리는 어떻게 기도해야 할지, 무엇을 위해 기도해야 할지를 모르기 때문입니다. 우리는 어떻게 나가야 할지, 어떻게 들어와야 할지, 알지 못합니다. 우리는 무엇을 위해 기도해야 할지 알지 못합니다. 우리의 내일을 위해 무엇이 좋을지를 우리는 모르기 때문입니다. 오늘 좋아 보이는 것이 내일을 위해서는 오히려 해가 될 수도 있기 때문입니다.

상투적인 인사말을 주고받듯이 기도 역시 상투적으로 끝나고 마는 경우가 적지 않습니다. "아버지, 저는 기도를 어떻게 해야 할지 알지 못합니다. 당신이 알아서 해주세요." 너무나 절망적이어서 그렇게 말할 날이 오게 됩니다. 그런 날이 오기 전에, 먼저 내면의 하나님을 깨닫는 것이 중요합니다. 당신의 인간성이 주인이 되지 않고, 하나님이 주인이 되어, 하나님으로 하여금 당신 안에서 기도하게 하는 법을 터득해야 합니다.

이런 정도가 되기란 어려운 일이지만, 방법 자체는 간단합니다. 다음과 같은 마음가짐이 되는 데에 동의하기만 하면 됩니다. "나는 내가 무엇을 원하는지 알지 못한다. 나는 내가 무엇을 필요로 하는지 알지 못한다. 나는 내일이나 오늘 무슨 일이 벌어질지 알지 못한다. 나는 아버지께서 당신 자신을 드러내어 보여주시기만을 기다리고, 그것으로 충분하다. 나의 뜻이 아니라 아버지의 뜻이 이루어지게 될 것이다." 당신이 이런 마음가짐으로 기다릴 때, 당신은 하나님이 기도하시고, 하나님이 명상하고, 하나님이 당신과 하나 될 수 있도록, 수용성의 상태에서 살아가는 능력을 발전시키게 됩니다.

진리 안에서 깨어 있기

아침에 단순히 진리의 말씀을 읽고 오후에 진리의 말씀을 듣기를 기대하는 식으로 하루를 지내는 것은 바람직하지 않습니다. 진리가 내내 활성화되는 상태가 되어야 합니다. 그것은 인간으로서의 삶의 활동이나 의무 등을 무시해도 괜찮다는 뜻이 아닙니다. 진리가 항상 활성화된 의식 상태가 되도록 우리 자신을 훈련시켜야 합니다. 우리가 나무나 꽃, 산이나 바다 등의 자연을 보든, 사람들을 계속적으로 만나든, 우리는 세상살이의 모든 장면 속에서 하나님을 볼 수 있어야 합니다. 어떻게든지, 우리 주변에서 신의 현존을, 신의 활동상을 목격하도록 우리 자신을 훈련시켜서, 영적인 진리 안에서 살 수 있어야 합니다.

성구 사용법

어떤 것을 이루고 성취하기를 바라는 마음으로 성경 구절을 묵상하고 암송한다면, 그것은 성구의 남용이라고 할 수 있습니다. 예를 들어 봅시다. "나의 할 일을 그분이 이루어주신다."라고 되풀이 선포함으로써 그것이 이루어지거나 성취되기를 바란다면, 그것은 잘못된 사용법입니다.

자신에게 주어진 일을 하면서 가끔씩 성구를 기억하고, 그럼으로써 과업으로 인해 무거웠던 어깨의 짐이 가벼워질 수 있고, 그러면 우리는 미소를 지으면서 "하늘이시여, 그분이 여기에 계시니 감사합니다."라고 기도할 수 있게 됩니다. 이것이 성구의 올바른 사용법입니다. 다시 말하자면, 그것을 이루기 위해서 확언을 사용하려고 하지 않고, 있는 그대로 존재하시는 그분을 상기하는 것이, 성구의 올바른 사용법인 것입니다.

나는 때로, "당신은 확언을 사용하지 말아야 한다고 하지만, 당신 스스로 확언을 사용하고 있어요."라는 말을 듣곤 합니다. 무엇을 이루기 위해서 하는 확언은 가치가 없지만, 진리를 상기시키는 것으로서의 확언은 영적인 지혜라고 할 수 있습니다. "모든 것 안에서 당신의 은혜가 충만합니다."라는 말씀과 그러한 진술을 반복함으로써 자기 자신을 위한 무슨 일인가가 행해지기를 기대하는 것은 잘못된 사용법입니다. 하루에 일만오천 번을 반복하더라도 그것은 결국 자기최면에 지나지 않습니다. 하지만 가끔씩 그 구절을 되풀이하면서 진리를 상기하고, "아버지, 그것을 상기하게 해주시니 감사합니다."라고 말하면서, 어깨 위의 짐을 내려놓는 것은 올바른 사용법입니다.

요한복음 15장에는, "그리스도는 포도나무요, 당신은 가지"라는 말씀이 나옵니다. 이 성경구절은, 우리가 그러한 진리 안에서 살고, 그 말씀과 함께 살아간다면, 풍성한 열매를 맺을 것임을, 다시 말하면, 우리가 조화로운, 영적인 삶을 살아가게 된다는 것을 상기시켜 줍니다. 하지만 우리가 그러한 말씀 안에서 살아가는 것을 잊어버린다면, 우리가 "그것" 안에서 살지 않고 우리 안에 "그것"이 거하도록 하지 않는다면, 우리는 잘린 가지처럼 되어 시들게 됩니다. 요한복음 15장을 떠올리기만 하면, 우리는 "나와 아버지는 하나"임을 잊어버리는 일이 거의 불가능하게 되어, 나날의 일을 하면서도 그 날의 일을 "그것" 스스로 돌보게 할 수가 있게 됩니다. 이것이 바른 성구 사용법입니다.

우리 모두가 로마서 8장 같은 성경 구절을 알아서, 하나님의 영이 우리 안에 거한다는 사실을 깨닫기만 하면, 우리는 하나님의 자녀입니다. 하나님의 영이 우리 안에서 살고 있지 않다면, 우리는 죽어질 운명의 소유자들입니다. 하나님의 영이 우리 안에 살고 있지 않다면, 우리는 모두 죽음의 남자들과 여자들입니다. 하나님의 영이 우리 안에 살고 있다는 것을 우리가 어떻게 알 수 있을까요? 하나님의 영에 우리 자신을 열어놓는다면, 그때 "그것"이 우리 안에 살게 됩니다. 우리가 "그것"을 무시하거나 모른 체하면, 그때 "그것"은 우리 안에 살지 않습니다.

"주님의 영"은 모든 곳에 있지만, 그것을 알아서 깨닫는 자에게만 그러합니다. "주님의 영"은 잠재적으로 모든 사람들 안에 살고 있지만, "그것"을 깨달아 알기 전에는 작용하지 않습니다.

4

'거룩한 손' 안에서 살기

하나님을 찾는 노력을 그만두고, 당신이 있는 바로 그 자리에서, 하나님께서 당신을 찾을 수 있게 하십시오. 오늘을 바로 그런 날로 만드십시오.

기쁨이 넘쳐나는 조화로운 삶의 비결은, 하나님을 바르게 아는 데에 있습니다. 누구나 하나님으로부터 가르침을 받을 권리, 하나님으로부터 영감을 받을 권리, 하나님으로부터 공급을 받을 권리, 하나님으로부터 치유를 받을 권리, 하나님으로부터 보호받고 지지를 받을 권리를 가지고 있습니다. 하지만 하나님에 대한 잘못된 개념을 고칠 생각을 하지 않으면, 내면의 하나님 나라로 방향을 선회하여 신성을 실현시킬 수가 없게 됩니다. 하나님에 대한 잘못된 개념은 하나님으로부터 당신이 분리되어 있다는, 그래서 당신 자신의 온갖 좋은 것들과 분리되어 있다는 느낌을 창조하기 때문입니다. 내면의 하나님 나라에 접속하여 온갖 좋은 것들을 끌어오기 위해서는, 하나님이라는 단어의 의미를 제대로 이해하고, 하나님의 본성에 대해서 알아야 합니다. 하나님을 제대로 알아야 합니다. 당신이 지금껏 배워온 잘못된 개념을 다시 살펴보고, 받아들이지 말아야 합니다. 그것들이 거두어들인 열매를 보면, 그것들이 얼마나 잘못되었는지를 알 수 있습니다.

하나님에 대한 잘못된 개념들

지나온 수많은 세기 동안 인간들은 하나님으로부터 분리되었다는 느낌 속에서 살면서, 우리의 필요를 충족시켜 줄 우리 자신보다 더 높고 위대한 무엇인가를 계속해서 찾아왔습니다. 우리가 '다신교의 시절'이라고 부르는 세월을 뒤돌아보면, 인간들은 소위 '신'이 해주기를 바라는 것들에 상응하는 많은 신들이 있다고 믿었습니다. 아름다움을 위해서는 이 신에게, 좋은 날씨를 위해서는 저 신에게, 풍요를 위해서는 또 다른 신에게 빌었습니다. 이런 식으로 수많은 신에게 빌었습니다. 더 많은 곡식, 더 많은 가축, 더 많은 물고기, 더 많은 비, 더 적은 비, 행복과 평화 등, 인간이 필요로 하는 것들을 공급받기 위해서, 여러 신들에게 기대하고 빌었습니다. 이교도들은 동물들을 희생하여 신들에게 제사를 지냈습니다. 인간을 바치기까지 했습니다. 그 신들이 자기들의 필요를 채워줄 것을 빌면서 말입니다.

금욕주의자들은 단식을 하고, 자기들의 소유물을 포기하고,

자신들의 기대를 채워주지 않는 신들을 달래기 위해 할 수 있는 일은 무엇이든 가리지 않고 행하곤 했습니다.

그 이후 한 분이신 하나님을 믿는 히브리 사상이 나오게 됩니다. 하지만 히브리인들은 이교도들이 여러 신들에게 기대했던 것들과 똑같은 것들을 한 분이신 하나님께 기대했습니다. 그들은 이교도들과 똑같은 방식으로 하나님께 접근했습니다. 그들은 희생 제사를 드리고, 십일조를 바치고, 좋은 사람이 되려고 애썼습니다. 또 다시 하나님에 대한 이교도적인 개념에 빠졌던 것이지요. 그들의 하나님은 양면성을 지녔습니다. 그들이 착하게 행동하면, 하나님은 그들에게 보상을 해주셨습니다. 그들이 악한 일을 하면, 하나님은 그들을 벌하셨습니다. 그들이 율법을 깨뜨리면, 하나님은 그들을 벌하셨습니다. 그들은 하나님의 징벌을 두려워했습니다. 하나님에 대한 사랑이 아니라 하나님에 대한 두려움이 지배적인 주제가 되었습니다. 보상을 하거나 벌을 주는 하나님에 대한 히브리적인 개념은, 이교도들의 신에 대한 개념과 마찬가지로 잘못된 것이었습니다.

하나님은 벌하시지도, 상을 주시지도 않는다

예수 그리스도의 가르침 속에는, 벌하시는 하나님도, 상을 주시는 하나님도 나오지 않습니다. 그는 "그대가 뿌린 대로 거두리라."고 가르치셨습니다. 그분은 당신이 선하면 상을 주고, 당신이 악하면 벌을 줄 것이라고 가르치신 적이 없습니다. 그는 당신이 베풀면 당신에게로 돌아온다는 것을 명백히 말씀하셨습니다. (당신이 사랑을 표현하면, 사랑이 당신에게 돌아옵니다. 당신이 증오를 표현하면, 증오가 당신에게 돌아옵니다.) 그것은 당신이 베풀지 않는다고 해서 하나님이 당신에게 결핍으로 벌을 내리실 것이라는 뜻이 아닙니다. 당신이 베푼다고 해서 하나님이 당신에게 풍요로움으로 보상을 하실 것이라는 뜻도 아닙니다. 하나님은 나쁜 행위를 벌하시지 않습니다. 하나님은 선한 행위를 한다고 해서 상을 내려주시지도 않습니다. 하나님께서는 우리의 어버이보다 더 어버이다우신 분, 슈퍼 어버이이신 것입니다.

하나님께서는 주지 않는 법이 없다

"아버지가 가지신 모든 것은 당신의 것입니다." 하나님은 당신으로부터 거두어들이거나 빼앗는 법이 없습니다. 그것은 하나님의 본성이 아닙니다. 당신이 무엇인가를 위해서 기도를 하거나 선한 행위를 한다고 해서, 하나님이 어떤 것을 주시는 것도 아닙니다. 그것은 하나님의 본성이 아닙니다. 하나님은 당신에게 선물을 가져다주는 산타클로스가 아닙니다. 당신이 하나님에 대한 그런 개념을 받아들인다면, 당신은 진정한 공급자를 잃어버리게 됩니다. 그런 마음을 품고 당신이 하나님께 예배를 드린다면, 당신은 하나님을 제대로 알 수 있는 희망을 잃어버리는 셈입니다.

하나님은 보상하거나 벌하시는 분이 아니며, 하나님의 본성은 무한한 사랑, 무한한 지혜입니다. 그것을 깨달으면 깨달을수록, 당신은 하나님께 당신의 필요를 말할 필요도 없고, 그분께 요청하거나 채워 달라고 할 필요도 없다는 것을 더욱 선명하게 알게 될 것입니다. 하나님께서 당신으로부터 빼앗아간다거나 주시지 않는다고 믿는 것은, 이교도 시절로 돌아가는 일입니다. 당신으로부터 어떤 것을 빼앗아간다거나 어떤 것 때문에 당신을 벌하는 일이, 그분의 의식 안에서는 일어나지 않습니다.

하나님의 본성

"인피니트 웨이"를 배우는 사람들이 배워야 하는 첫 번째 원리는, 하나님의 본성입니다. 하지만 거기에 대해서 읽거나 듣는다고 해서 배울 수 있는 것은 아닙니다. 읽거나 들은 메시지에 대해 거듭 생각을 기울이고 숙고함으로써, 당신은 자신의 존재의 내면으로부터 하나님의 본성을 터득할 수 있습니다. 메시지나 말씀은 실상에 대한 진리일 뿐입니다. 진리는 내면으로부터 당신에게 스스로를 드러내어 보입니다. 메시지가 당신의 의식으로 받아들여져서, 마치 씨앗처럼, 영적인 열매를 맺어서 수확을 거둘 수 있어야 합니다. 그럴 수 있도록 가꾸고 키워야 합니다.

하나님은 우주를 유지하고 떠받쳐 주는 힘입니다. 하나님은 그 자신의 창조를 이루어지게 하는 원리이고 법칙입니다. 당신이 "그것"에 당신 자신을 엶으로써, 당신은 "그것"이 성취의 법칙으로서 당신의 의식 안에서 작동하고 있다는 것을 알아차리게 됩니다. "나는 그대들에게 생명을 주기 위해서, 더 풍요롭게 생명을 누릴 수 있도록 하기 위해서 왔습니다." 이 힘은 이미 왔고, 모두에게 쓰여질 수 있습니다. 당신이나 나는 그것을 가질 수 있고, 다른 사람은 가질 수 없는 이유는, 그것이 아직 오지 않았기 때문이 아닙니다. 하나님은 히브리인이나 개신교인들, 가톨릭이나 성자들만을 위해서 일하시는 분이 아닙니다. "그것"은 성자나 죄인들 모두에게, 어떤 종교를 가진 사람들에게든, 혹은 종교가 없는 사람들에게도, 똑같이 공평하게 작용하십니다. "그것"은 피부 색깔에 상관없이, 신조에 상관없이, 작용합니다. "그것"은 세계적이고 우주적인 하나님이십니다. "그것"은, 공기와 마찬가지로, 모든 사람들에게 공짜이고, 누구나 다 유용하게 사용할 수 있습니다. "그것"은 누군가가, 어떤 집단이, 배타적으로 사용할 수 있는 것이 아닙니다. 각 개인의 필요나 욕구를 충족시키기 위해서 쓰여질 수 있는 것이 아닙니다.

하나님은 우리를 속박하시지 않는다

하나님의 본성에 대한 아주 적은 이해만으로도, 세상 사람들을 괴롭히는 부조화와 질병의 절반은 치유할 수 있을 것입니다. 왜냐하면 세상 사람들의 절반 가량이 자기들의 죄로 인해서 하나님이 자신들을 벌하고 계시다고 믿고 있기 때문입니다. 우리의 죄때문에, 우리가 어떤 행위를 하거나 하지 않기 때문에, 우리가 벌을 받고 있다고 믿는 것입니다. 우리가 죄를 저질러서 하나님이 우리를 속박 상태로 만들어놓으셨다는 것이지요. 그런 믿음을 가진 사람은 하나님의 본성에 대해 전혀 모르고 있다고 할 수 있습니다.

하나님은 영이십니다. 하나님은 사랑이십니다. 하나님은 무한함입니다. 하나님은 우주적이고 보편적입니다. 무한하고 우주적인 사랑이 어떻게 자기 자신을 억제할 수가 있겠습니까? 그것은 중력의 법칙과도 같습니다! 물체를 떨어뜨리면, 중력의 법칙은 어떤 물체이든 그 가치에 상관없이 작용합니다. 중력의 법칙은 물체의 가치를 차별하지 않습니다. 중력의 법칙은 모든 것에 다 작용합니다. 하나님의 은총도 마찬가지입니다. 중력의 법칙이 천원짜리 지폐이든 오만원짜리 지폐이든 차별하지 않듯이, 하나님의 은총은 성자이든 죄인이든 분별하지 않습니다.

하지만, 하나님의 법칙을 깨뜨리면 거기에는 반드시 부조화가 생기게 됩니다. 하나님이 자신의 은총을 거두어들여서도 아니고, 죄인을 벌하셔서도 아닙니다. 하나님의 법칙을 깨뜨림으로써 우리가 스스로 은총으로부터 멀어지기 때문입니다.

84

"너희의 죄가 아무리 주홍빛처럼 진하더라도, 너희가 눈처럼 희어지리라"(이사야 1:18).

예수께서는 십자가 위에서 강도에게 말씀하셨습니다. "내가 너를 오늘 밤 나와 함께 천국으로 데려가리라." 예수께서는 범죄에 대하여 결코 기나긴 벌을 내리시지 않았습니다. 그렇지 않나요? 막달라 마리아의 죄는 그녀가 참회하자마자 용서되었습니다. 신약성경 전체를 통하여, 예수께서는 그 어느 누구도 죄 때문에 속박하지 않았습니다. "나는 그대를 정죄하지 않겠다. 가라, 더 나쁜 일이 너에게 닥치지 않도록, 더 이상 죄를 짓지 말아라."

더 나쁜 일이 당신에게 일어난다면, 그것은 하나님이 당신을 벌해서가 아니라, 당신이 뿌린 것을 거둔 결과입니다.

과거에 저지른 잘못 때문에 당신이 자신을 정죄한다면, 어떤 것을 행하거나 행하지 않아서 당신 자신이 벌을 받고 있다고 믿는다면, 하나님의 본성은 사랑이고 용서임을 깨달아야 합니다. 당신의 죄에 대한 하나님의 기억력은 아주 짧은 기간 동안만 작용합니다. 당신의 과거의 잘못을 당신의 의식에 가져오는 것은 당신 자신일 뿐입니다. 당신은 어제를 살 수 없습니다. 당신이 기억 속에 어제를 가져오지 않는다면, 어제는 경험될 수 없습니다. 하나님이 당신을 벌하는 것이 아닙니다. 당신이 그렇게 합니다.

하나님은 속일 수 없는 분이시다

영은 당신의 호흡보다 가깝다는 것을 항상 기억하십시오. 당신은 "그것"을 속일 수 없습니다. 왜냐하면 "그것"은 당신 자신이고, 당신의 지성이고, 당신의 지혜이기 때문입니다. "그것"은 당신의 존재가 나아가야 할 방향을 가장 잘 알고 있습니다. 그러므로 하나님이 당신을 보고 있지 않으리라는 생각으로 어떤 것도 훔칠 수가 없습니다. 하나님은 당신 존재의 중심에서 바르게 서 계십니다. 당신이 영적인 법칙을 깨뜨리는 순간, 당신은 "그것"과 조화를 이루지 못하고 어긋나 있게 됩니다. 단지 그것뿐입니다.

하나님의 현존을 알아차리기

죽음이 가까워진 사람들이나 병으로 고통받는 사람들은 대부분 자신들이 어떤 식으로든 하나님으로부터 분리되었다고 믿습니다. 그리하여 하나님을 찾기 위해서 고투하곤 합니다. 전적으로 잘못된 일입니다!

겉보기와는 상관없이, 어느 누구도 하나님으로부터 분리되어 있지 않습니다. 끔찍한 죄를 저지르고 병고를 겪고 있다고 할지라도, 사자가 당신 위에서 으르렁대고 있다 할지라도, 누군가가 우리를 향해 총을 쏘려고 한다고 해도, 심지어는 원자폭탄이 하늘에서 떨어져 내리고 있다고 할지라도, 그것은 우리가 하나님으로부터 분리되어 있다고 믿게 만들려고 하는 시험일 뿐입니다. 우리가 그러한 믿음의 희생자가 되는 것은, 하나님으로부터 분리되어 있다는 느낌을 받아들이는 것이 실제로 분리된 것만큼이나 우리를 유린하고 황폐하게 만들 수 있기 때문입니다. 다시 말하자면, 우리가 하나님으로부터 분리되어 있다는 느낌을 받아들이는 순간, 하나님이 계시지 않은 것과 마찬가지 상태가 되어버립니다. 그러니 우리가 극복해야 할 것은, 실제적인 분리의 상태가 아니라 우리가 경험하는 분리의 느낌일 뿐입니다.

하나님으로부터 분리되어 있다는 느낌을 극복할 수 있는 유일한 길이 있으니, 그것은 당신이 존재하는 곳에서 하나님의 현존과 활동을 알아차리는 것입니다. 다른 길은 없습니다.

우리는 하나님을 찾으려고 하는 일, 하나님을 추구하는 일, 하나님과 하나가 되려고 하는 것, 하나님과 접속하려는 많은 노력들에 대해 듣고 말하고 글을 써 왔습니다. 그 모든 것들이 다 잘못된 것입니다! 나는 내가 과거에 썼던 글들의 일부는 다시 쓰고 싶습니다. 나는 과거에, 하나님을 찾아 헤맸던 일, 하나님을 구하려고 했던 일, 하나님과 접속하려고 애썼던 일에 대한 글을 쓴 적이 있습니다. 초기의 저술에서, 나는 내가 가슴으로 알았던 것에 대해서 쓰는 대신, 성경의 언어, 종교적인 세계의 언어를 사용했던 적이 있습니다.

우리로 하여금 하나님을 발견하게 해주는 생각이나 행동은 없습니다. 어떤 노력도 성공하지 못합니다! 하나님을 찾으려고 할 필요가 없습니다. 왜냐하면 하나님의 나라는 우리 안에 있기 때문입니다. 예수 그리스도께서 세상에 오시기 이전에도 하나님을 찾아 헤맬 필요는 없었습니다. 왜냐하면 예수께서 지상에 오시기 이전의 수천 년 동안에도, "하나님의 나라가 당신 안에 있다."는 뜻의 말들은 이미 수없이 말해져 왔기 때문입니다.

하나님의 나라가 우리 안에 있다면, 어디로 찾으러 갈 필요가 있겠습니까? 우리 안에 있는 것을 찾기 위해서 애를 써야 할 필요가 있을까요? 하나님을 구하고 찾으려는 바로 그 행위를 통하여, 우리는 하나님의 나라가 우리 안에 있음을 부인하고 있습니다. 하나님의 나라를 알고 있고, 그것을 말로 표현하고 있으면서도, 내 안에 있는 하나님 나라를 부인하고 있습니다. 우리가 하나님을 찾으려는 노력을 몸으로 마음으로 하면 할수록, 우리는 하나님의 나라가 우리 안에 있음을 더욱 더 부인하게 됩니다!

하나님과 우리의 관계에 대해서 말하자면, "나와 아버지는 하나이다."입니다. 둘이 아니라 하나입니다! 하나님은 존재하고, 그러므로, 내가 존재합니다. 그것은 하나입니다. 하나님과 접속하려는 모든 노력은, 조엘이 조엘과 접속하려고 애를 쓰는 것과 같습니다! 하나님을 찾으려 하는 것은, 우리의 손과 발보다 더 가까이, 우리의 호흡보다 더 가까이에 있는 것을 찾으려고 하는 짓입니다! 우리가 우리 자신의 존재로부터, 우리 자신의 호흡으로부터 떨어져 있지 않은 것처럼, 하나님 또한 우리와 떨어져 있지 않습니다.

기도와 명상, 영적인 저술들을 읽는 일, 예배에 참석하고 신앙을 배우는 일은, 모두 하나님을 찾는 행위입니다. 하나님을 "구한다"는 용어가 바로 이런 활동들에 정확히 적용될 수 있습니다. 하지만 그것들은 하나님과 접속하려고 몸으로 마음으로 애쓰는 일이라고 할 수가 없습니다. 그런 행위는 우리를 하나님으로부터, 하나님이 우리 안에 계시다는 깨달음으로부터 더욱 멀어지게 하는 경우가 많습니다.

"나는 그대 안에, 나의 집에 있다"

1937년의 어느 날, "나는 이미 그대 안에 돌아와 있다"는 놀라운 깨달음이 나에게 왔습니다. 나는 이 경험을 "오, 예루살렘이여, 나는 이미 본향에 돌아와 있다"라는 제목의 글로 쓴 적이 있습니다. 이러한 깨달음이 나에게 오기 전에, 나는 철학과 신학에 관한 책들을 뒤적이는 등, 하나님을 찾아 헤매었습니다. 그 시간 동안에도 내내, 하나님은 내 안에 있었고, 나는 하나님 안에 있었습니다. 하나님을 찾아 헤매었던 시간들을 후회하지는 않습니다. 왜냐하면 결국 그 책들은 나 자신이 한시도 "집"을 떠나 있어 본 적이 없다는 진실을 드러내어 보여주었기 때문입니다. 내가 아닌 다른 곳에서 신을 찾게 만드는 책들을 굳이 찢어발길 필요는 없을 것입니다. 우리에게 진실을 드러내어 보여주는 데에 도움이 되는 활동과 수단이 있다면, 오히려 축복해야 하는 것이 옳겠지요!

영감을 불어넣어 주는 책들 속을 헤매면서 연구를 해 왔다면, 정신적인 애씀을 이제는 그만 멈추고 마음을 고요히 할 필요가 있습니다. 그렇게 하기만 하면, 온전히 새로운 세계가 우리에게 열리게 됩니다. 하나님은 "그것" 자체를 우리에게 드러내어 보여주십니다. 몸으로 하는 활동을 멈출 필요는 없습니다. 일은 계속할 수 있습니다. 말을 타고 달려도 괜찮고, 집안일을 계속해도 괜찮습니다. 사업을 운영해도 좋습니다. 마음을 고요히 하고 내적인 귀를 열어놓고, 들으려는 자세를 유지하는 한, 몸은 계속해서 움직거려도 괜찮습니다. 그러고 있노라면, 하나님이 얼마나 가까이에 있는지를 깨달을 수 있게 됩니다. 어느 시인이 아름답게 노래하였듯이, "손이나 발보다도 가깝고, 호흡보다도 가까운" 임을 만날 수가 있게 됩니다. 구하고, 찾고, 마음으로 헤아려 찾는 대신, 마음을 고요히 하고 있노라면, 우리는 하나님이 말씀하시고자 하는 모든 것을 들을 수 있습니다. 우리가 하나님께 말할 수 있는 것보다도, 하나님께서는 우리에게 말할 훨씬 더 흥미로운 것들을 무한히 갖고 계시는 것이 분명합니다!

하나님을 찾는 노력을 그만두고, 당신이 있는 바로 그 자리에서, 하나님께서 당신을 찾을 수 있게 하십시오. 오늘을 바로 그런 날로 만드십시오.

그렇습니다, 내가 비록 지옥 속에 있다 할지라도 하나님께서는 거기에서 나를 발견하실 것입니다. 내가 죽음의 음산한 골짜기를 지날지라도, 하나님은 거기에서 나를 발견하실 것입니다.

우리는 하나님을 구하거나 찾아 헤맬 필요가 없습니다. 그분은 항상 우리와 함께 하실 것이며, 우리를 결코 떠나거나 버리시지 않습니다. 우리는 그분의 '거룩한 손' 안에서 떠날 수가 없습니다. 그것을 알기만 하면 됩니다. 그 말씀 안에서 쉬기만 하면 됩니다. 우리가 그것을 모른다면, 그것은 창문 가리개를 내려놓고 태양빛을 찾는 것과도 같습니다!

하나님의 나라는 당신 안에 있습니다. 그런데 왜 찾아 헤맬 필요가 있겠습니까? 하나님은 손과 발보다 더 가까이, 호흡보다 가까운 곳에 계시다는 것을 알기만 하면 됩니다.

"나와 아버지는 하나이고, 바로 지금 여기, 내가 서 있는 곳이 성스러운 마당입니다. 내가 서 있는 곳이 설령 지옥이라 할지라도 차이가 없습니다."

때로는 우리가 경험하는 시간과 공간이 바로 지옥인 경우가 적지 않다는 것을 기억하십시오. 때로는 죄의 지옥에 빠지는 경우도 있습니다. 질병의 지옥일 수도 있고, 결핍과 한계의 지옥, 실업의 지옥, 위험의 지옥, 불안정의 지옥일 수도 있습니다. 이 모두가 공포스럽고 끔찍한, 지옥 같은 경험들이지만, 우리가 이 지옥의 가운데에서도 "그분이 지금 여기에 있다. 나는 이 지옥에서조차 하나님을 찾아 헤맬 필요가 없다, 왜냐하면 내가 비록 죽음의 음침한 골짜기를 지나고 있을지라도 그분은 바로 여기에 계시니까."라고 깨닫기만 하면, 그것들은 즉시 변화됩니다. "내가 서 있는 이 자리가 성지"임을 알아차리십시오. 왜 그럴까요? 하나님이 거기에 계시기 때문입니다. 어찌하여 하나님을 찾아 헤맬 필요가 있겠습니까? 당신의 신발 안에 서 계시는데 말입니다.

하나님은 어디에나 계시기 때문에, 하나님이 어찌 당신이 있는 곳에서 벗어날 수 있겠습니까? 하나님은 모든 시간과 공간을 채우시는데, 하나님이 계실 수 있는 다른 시간이나 장소가 어떻게 있을 수 있겠습니까? 아버지는 당신의 한가운데에, 당신이 있는 곳이 어디이든, 거기에 계십니다. 그분은 어디에나 존재하시고, 언제나 지금 여기에 존재하십니다.

어디에나 계시다는 것을 잊지 말아라

어디에나 계시다는 하나님의 편재성을 온전히 의식할 수 있을 때까지, 알아차리는 연습을 해야 합니다. 하나님을 구하고 찾는 대신, 이렇게 알아차리십시오.

아버지는 나의 한가운데에 계십니다. 내가 구하고 찾는 어딘가에 계시는 것이 아니라, 바로 내 안에 있습니다. 언제? 여기에, 내가 그분을 알아차리고 있는 때에. 왜냐하면 그분은 어디에나 계시므로, 언제나 여기에 계십니다. 고맙습니다, 아버지, 당신은 여기에 계십니다! 죽어질 것들이 나에게 무슨 짓을 하든, 나는 두렵지 않습니다. 하늘에서나 땅에서나 지옥에서나, 어떤 존재, 어떤 권력도 나는 두렵지 않습니다. 하나님의 현존이 나와 함께하므로, 내 앞에서 나아가야 할 굽은 길을 곧게 펴 주시므로. 하나님은 내 뒤에도 남아 계셔서, 그 길을 지나는 모든 이들을 축복해 주실 것입니다. 그분은 나의 앞뒤 좌우 사방팔방을 걷고 계십니다.

하나님이 바로 지금 여기에 계시다는 것을 알아차리면, 바로 그 지점부터 나아가는 다음 지점에도 여전히 계시다는 것을 잊지 말고, 늘 깨어 있는 연습을 하도록 하십시오.

모든 것을 포함하시는 하나님

어디에나 두루 계시지 않는 곳이 없다는 것을 스스로 알아차리고 입증함으로써, 우리는 자동적으로 그분은 모든 만물을 포함하신다는 것을 알게 됩니다. 성경에는 모든 것이 "우리에게 더하여진다."고 말합니다만, 하나님의 무한함 안에는, 모든 것이 이미 포함되어 있습니다. 모든 것이 포함되어 존재하므로, 하나님은 건강, 물자의 공급, 집, 동료애, 기회, 변화, 재능, 능력, 천재성 등등, 그 모든 것을 포함합니다. 그러므로 오직 한 가지만을 보여주고 입증하면 됩니다. 하나님의 현존. 하나님은 어디에나 계시다는 깨달음.

물자의 공급이나 동료애, 집 같은 것들이 하나님으로부터 분리되어 있다고 생각하고는, 그것들을 나의 것으로 삼으려고 하는 노력은, 실제로 이런 것들로부터 우리를 분리시킵니다.

하나님은 여기에 존재하는 유일한 건강이고, 여기에 존재하는 유일한 공급자입니다. 하나님 안에서가 아니면, 하나님을 통해서가 아니면, 평화도, 만족도, 안전도, 안정도 존재하지 않습니다. 하나님이라는 수단을 발견한 사람들을 제외하고는, 이 지구상에서 행복하게 살아가는 사람은 아무도 없습니다. 육체의 건강을 통해서, 겉보기의 우정을 통해서, 돈이 좀 들어오니까, 일시적인 만족감을 누릴 수 있을지는 모르지만, 그 모두가 일시적인 것일 뿐입니다.

시간이 지나면 어느 땐가는 공허감이 일시에 몰려오는 경험을 하게 될 것이 분명합니다. 텅 빈 공허감이 몰려와서, 도대체 무엇 때문에 그렇게 허무한 느낌에 사로잡히게 되는지 의아해할 것입니다. 외부 세상에서 기쁨을 찾고 즐거워하는 젊은이들을 제외하면, 이 지구상에 하나님을 어느 정도 깨달은 사람을 제외하면, 행복이나 마음의 평화를 얻은 남자들이나 여자들은 단연코 없다고 보아야 할 것입니다.

많은 이들이 하나님과 통하지 않고서도 부를 발견하지만, 그들 역시 그것이 영원한 것이 아니며 이런 저런 방법으로 잃었거나 잃게 될 것임을 알고 있습니다. 많은 이들이 건강을 누리지만, 결국엔 그것을 빼앗기게 될 것임을 알고 있습니다. 나는 하나님을 모르면서도 세상의 모든 것을 가진 듯한 억만장자들을 알고 있습니다. 그들은 자신들이 갖지 않은 것을 갖기 위해서 날이면 날마다 너무나 분주합니다. 자신이 이미 가진 것들은 거의 돌아보지 않습니다. 육체적으로 완벽하게 건강해 보이는 많은 이들을 알고 있지만, 그들은 한편으로는 심한 번민에 휩싸이곤 합니다. 하지만 하나님을 깨닫게 되면, 당신은 건강을, 부를, 집을, 동료애를 잃을 수가 없게 됩니다. 왜냐하면 하나님은 우리의 건강이고, 조화이고, 집이고, 기쁨이고, 마음의 평화이기 때문입니다.

하나님이 우리에게 그것을 보내시는 것이 아닙니다. 우리에게 그것을 주시는 것이 아닙니다. 하나님은 단지 존재하기만 하십니다. 우리가 하나님은 존재의 충만함이라는 것을 이해하기만 하면, 우리가 보여주고 입증해야 할 것은 오직 "큰 나"일 뿐입니다. 우리가 "큰 나"를 알고 가질 때, 모든 것이 우리에게 더하여지고, 풍요가 실현됩니다. "나는 그대가 생명을 가질 수 있도록, 더 풍요롭게 누릴 수 있도록 하기 위해서 왔다." 당신 자신에게 물어보십시오. "내가 하나님을 갖지 않았다면, 어떻게 건강을 누릴 수 있겠는가? 내가 하나님을 갖지 않았다면, 어떻게 집을, 동료애를, 공급을 가지고 누릴 수 있겠는가?"

삶은 은혜에 의해 제공받은 것

우리는 우리의 일과 노동을 통하여 삶을 영위한다고 생각합니다. 우리의 노동을 통하여 생계를 유지한다는 인간의 믿음은, 거짓된 가르침이 만들어낸 것입니다. 우리의 삶은, 우리의 일과는 아무 관련이 없습니다. 우리의 삶은, 은혜에 의해 주어진 것입니다.

필요한 물자를 공급받기 받기 위해서 우리가 정신적으로나 육체적으로 일을 해야 하도록 되어 있는 것이 아닙니다. 어린 아이는 생계를 위해서 일을 하지 않지만, 좋은 것들을 얻습니다. 밥과 옷과 집, 교육, 심지어는 놀이와 휴가마저도, 거저 주어집니다. 손가락 하나 까딱하지 않아도, 심지어는 생각조차 하지 않아도, 거저 주어집니다. 이와 마찬가지로, 하나님께서는 당신의 아이들에게 모든 것을 제공해 주십니다. 자기 자식들에게 필요한 것들을 제공하지 않는다면, 이상한 아버지가 되겠지요! 당신에게 자신의 나라를 주시는 것은, 아버지의 큰 기쁨입니다. 그러므로 공급에 대한 영적인 개념은, 어디에나 존재한다는 것입니다. 공급이 되지 않는 곳은 없습니다.

물론, 우리는 직업을 가지고 있고, 일하는 기쁨과 보람을 위해 일자리에 참여해야 합니다. 우리는 생계를 유지하기 위해서가 아니라, 보람과 기쁨을 위해서 우리에게 주어진 일을 수행합니다. 때로는 우리의 직업이 다른 많은 사람들보다 적은 수입을 가져다준다는 것 때문에 실망할 수도 있습니다.

다시 말하자면, 내가 나의 일에서 얻는 것만큼 당신 또한 당신의 직업을 통해서 보람을 얻어야 합니다. 내가 생계를 유지하기 위해 이런 일을 하고 있는 것만큼은 분명합니다. 나는 나의 일에서 얻어지는 수입이 없더라도, 기뻐하면서 내 일을 할 것입니다! 사실, 당신이 만약 이 일에 부름을 받는다면, 당신은 이 일에서 얻을 수 있는 기쁨 때문에 세상의 모든 삶을 기꺼이 포기하고 희생할 것입니다. 당신이 하기로 되어 있는 일자리나 예술, 전문직 같은 경우에도 마땅히 그러해야 합니다. 자기 일을 하는 것이 즐거움이 되어야 합니다.

먹고 살기 위해서 일을 한다는 인간적인 개념을 포기하고, 우리의 일은 단지 우리에게 오늘 하라고 주어지는 것임을 깨달을 때, 두 가지 놀라운 변화가 일어납니다. 우리의 일이 충분히 즐길 만한 것이 되지 못하는 경우가 적지 않지만, 우리가 그것을 받아들이고 매 순간 최선을 다할 수 있다면, 우리는 점차 거기에서 들어올려져서 더 고상한 마음으로 일을 할 수가 있게 된다는 것이 첫 번째 변화입니다. 우리가 생계를 유지하기 위해 일을 한다는 생각에서 벗어날 때 두 번째로 일어나는 변화는, 우리의 삶이 은혜에 의해서 우리에게 제공된다는 것을 자각하게 된다는 것입니다. 은혜는 영원토록 우리를 향해 쏟아 부어지고 있습니다. 그것은 우편으로 올 수도 있고, 임금으로 올 수도 있으며, 투자로 올 수도 있습니다. 우리가 해야 할 일은 깨어서 그것을 받아들이는 것뿐입니다.

우리는 더 나은 삶을 위해서 노동을 한다는 생각에 너무 익숙해 있어서 삶이 은혜로 주어져 있다는 생각을 받아들이기가 쉽지 않습니다. 오히려 은혜를 받으려면 좋은 일을 많이 해야 한다고 생각하기 쉽습니다. 하지만 이제는 마음을 푹 놓고 우리의 삶이 은혜에 의해서 우리에게 주어져 있음을 받아들이는 능력을 키워야 할 때입니다. 당신은 아마도 "그건 불가능해! 우리가 이만큼 살게 된 것은 나와 남편이 힘들게 일했기 때문이야."라든가, "내가 받은 유산 때문이지."라고 생각할지도 모릅니다. 영적인 세계에서, 그것은 전혀 사실이 아닙니다. 공급에 대한 인간적인 사고방식은, 지금 여기에서 당장 포기되어야 마땅합니다.

"인피니트 웨이"에서 가장 중요시하는 것은, 무엇보다 먼저 하나님만을 찾고 구하고, 다른 모든 것은 내버려두어야 한다는 진리 말씀을 자주 되풀이 생각하는 것입니다. "무엇보다 먼저 하나님의 나라를 구하십시오." 그러면 나머지는 모두 우리에게 더하여질 것입니다. (기도와 명상, 영적인 책 읽기, 예배에 참석하고, 강의를 듣는 일 등은 하나님을 찾고 구하는 데에 도움이 될 수 있습니다.)

그대 자신의 생각을 해방시켜라

많은 사람들이 좋은 직장과 수입, 동료애, 집, 건강, 부, 자유, 기쁨, 마음의 평화 등을 보여주려고 애쓰지만, 사실은 그럴 필요가 없습니다. 죄 짓지 않으려고 애쓸 필요도 없습니다. 좋은 사람이 되려고, 순수한 사람이 되려고 하는 욕망도 품을 필요가 없습니다. 무엇보다 먼저, 성전을 깨끗이 하십시오. 모든 욕망들이 거주하고 살았던 오래된 집을 깨끗이 청소하십시오. 하나님이 어디에나 계시다는 것을 깨닫고, 하나님과 친해져서 그분을 제대로 알아야 겠다는 오직 하나의 열망만이 남을 때까지.

처음에는 하나님을 제대로 알기가 어렵습니다. 왜냐하면 우리는 하나님에 대한 우리의 개념에 따라 그분을 생각하기 때문입니다. 그것은 하나님을 아버지나 내면에 계시는 아버지로 여기는 예수의 개념일 수도 있습니다. 혹은 하나님을 그리스도로 여기는 바울의 개념일 수도 있습니다. 당신 자신의 개념일 수도 있고, 당신의 부모님의 개념일 수도 있으며, 당신의 교회의 개념일 수도 있습니다. 하나님을 "마음", "생명", "원리" 같은 형이상학적인 개념으로 여길 수도 있습니다. 이 모든 개념들은 단지 하나님의 면모들일 뿐입니다. 사랑은 하나님이 자신을 표현하는 여러 방식들 중 하나일 뿐입니다. 율법은 하나님이 자신을 표현하는 여러 방식들 중 하나일 뿐입니다.

그러니 우리가 가르침 받아온, 마음속에 그려온, 믿어 온, 모든 종류의 하나님은 포기되어야 합니다. 하나님을 유한한, 한계가 있는 방식으로 생각하지 말아야 합니다. 생명, 진리, 사랑, 본질, 원리, 율법, 혼, 영 등등은, 하나님이 우리에게 자신을 나타내는 방식들임을 깨달아야 하겠지만, 하나님은 이 모든 면모들의 총합보다 더 위대하신 분임을 알아야 합니다. 우리가 가르침 받아온 하나님에 대한 것들, 책에서 읽은 것들은 다 잊어버리고, 전체의 큰 그림을 그릴 수 있어야 합니다. 열린 마음으로 우리 의식 안에서 하나님이 펼치시는 계시에 집중하여야 합니다. 그래서 어떤 모습으로 나타날지, "그것"에 대비해야 합니다. 계시는 각자에게 저마다 다른 모습으로 나타날 것입니다.

하나님을 경험한 사람들은 자신들의 경험이 무엇과 같은지 당신에게 말해줄 수가 없습니다. 하지만 그들은 하나님이 자신들이 기대했던 것과는 같지 않았다는 것을 당신에게 말해줄 것입니다. 나는 당신에게 내가 언뜻 보았던 하나님에 대해서 이러쿵저러쿵 말해줄 수는 있지만, 내 말은 불완전할 수밖에 없습니다. 왜냐하면 나는 "전체성"을 설명할 방법을 알지 못하기 때문입니다. "전체성"은 당신에게 어느 날 어떤 방식으로인가 나타날 것이고, 다른 날에는 다른 방식으로 나타날 것입니다.

우리들 각자는 다른 방식으로 하나님을 경험합니다. 그러면서 자신이 경험한 하나님을 묘사하려고 애쓰지만, 그것은 세 장님이 코끼리를 만져보고 각기 달리 묘사를 하는 것과도 같습니다. 코끼리의 꼬리를 만진 사람은 다른 사람들에게 코끼리는 무거운 밧줄 같다고 말합니다. 코끼리의 다리를 만진 사람은 코끼리가 큰 나무 같아서 두 팔을 벌려 감싸 안아도 부족할 지경이라고 말합니다. 또 다른 사람은 코끼리의 엄니를 만지고는, "우와, 코끼리는 정말이지 뭐라고 말로 표현할 수가 없어. 코끼리는 차갑고 딱딱해."라고 말합니다. 장님들은 저마다 자기의 관점에 따라 코끼리를 묘사합니다. 하지만 코끼리는 그들이 묘사한 것들의 총합보다 더한 그 무엇입니다.

그러니 하나님에 대한 우리의 옛 개념들을 그만 내려놓고, 하나님 자신의 계시에 주목해야 합니다. "이제는 하나님을 제대로 알고, 마음의 평화를 누리십시오." 마음의 평화를 누리는 상태에서는 건강해지고, 부요해지고, 조화로워집니다. 그렇지 않으면 당신은 평화를 누릴 수가 없게 됩니다. 평화를 얻기 위해서는 하나님을 제대로 알아야 합니다. 그러면 다른 모든 것들이 더해지게 될 것입니다.

외부 세계의 어떤 것이나 어떤 사람에 대해서는 바람을 품지 말아야 합니다. "내 영혼이 애타게 그리워합니다… 나의 마음, 나의 이 몸이 살아 계신 하나님께 외치옵니다"(시편 84:2). "하나님, 생명을 주시는 나의 하나님, 당신이 그리워 목이 탑니다"(시편 42:2). "나의 심장이 거칠게 뜁니다"(시편 38:10). 하나님을 갈망하는 사람은 말합니다.

"저에게 하나님을 주세요! 하나님을 가질 수 있다면 세상 전체를 잃어도 무슨 상관이겠습니까? 오직 하나님뿐입니다."

예수께서 "내가 세상을 극복했다."고 말씀하셨을 때, 그는 "내가 세상에 나를 보여주고 증거했다."거나 "내가 세상을 이겼다."는 뜻으로 말씀하신 것이 아닙니다. 그렇지 않습니다. 그분은 모든 욕망과 필요를 극복하신 것입니다. 하나님을 발견했기 때문에. 그는 자신의 하나님을 발견함으로써, 자신의 성취에 필요한 모든 것을 찾았습니다. 어머니나 아버지, 형제자매, 혹은 친구들이 없었지만, 그분은 그들 없이도 충분히 만족했습니다. 왜냐하면 그분은 하나님만으로 완전히 채워졌기 때문입니다. 그는 왕들과 황제들, 왕자들, 심지어는 종교적인 지도자들과 함께 해도 행복하지 않았습니다. 그는 오직 그의 집안을 이루었던, 자기 자신의 의식에 속했던 사람들 안에서만 동료애를 가졌습니다.

물론, 예수를 채웠던 것들이 우리의 필요와 완전히 일치하지는 않을 수 있습니다. 하나님은 우리의 경험 속에서는 동료애라는 것을 친구들, 친척들, 가족, 남편, 아내, 혹은 동료 학생들의 수준에서 찾게 하실지도 모릅니다. 그럼에도 나는 확신합니다. 우리 역시 이런 저런 경험을 통해서, "아니야, 이 모든 것들이 나에게는 아무런 의미도 없어. 영적으로 나와 하나 된 사람들이 아니라면 나는 만족할 수가 없어."라고 느끼게 될 날이 오게 될 것입니다.

때가 되면, 우리 모두는 핏줄과는 상관이 없이 우리의 영적인 가족이 아닌 외부 사람들에게는 거의 관심을 갖지 않게 될 것입니다. 그때에는 모두가 서로에게 가족 이상의 동료애를 느끼겠지요. 우리는 서로의 안에 있는 하나님, 서로를 통하여 존재하는 하나님, 서로와 함께 있는 하나님과 있을 때에만 충만해질 수 있습니다.

집, 동료애, 돈, 공급 물자 등, 형태를 가진 것들에 대한 모든 욕망은 포기되어야 마땅합니다. 하나님의 현존을, 하나님이 어디에나 계시다는 깨달음을 향한 열망만을 품도록 하십시오. "나와 아버지는 하나이고, 아버지가 가지신 모든 것은 나의 것"임을 깨닫는 것만이, 유일한 열망이 될 수 있어야 합니다. 우리가 유일하게 보여주고 입증해야 할 것은, 그러한 실상에 대한 깨달음뿐입니다.

당신의 생각들을 계속해서 하나님께만 머물게 하십시오. 명상하는 법을 배우십시오. 고요히 하십시오. 마음을, 바람을 잠재우십시오! 하나님께서 당신의 손가락으로 그대를 만지도록 허용하십시오! 하나님께서 자신을 당신에게 드러내도록 허용하십시오. 하나님의 드러내심과 하나님 자신의 실현은, 당신의 일상의 삶에 필요한 것들로 모습을 나타내게 될 것입니다.

5

바른 앎의 과실

태양은 누가 무엇을 행해서 그 보상으로 빛과 열기를 주는 것이 아닙니다. 빛과 열기는 태양의 기능입니다. 그것을 주지 않는 경우는 없습니다. 하나님 또한 마찬가지입니다.

하나님을 제대로 알기 위해 당신이 가장 먼저 알아야 할 것은, 하나님은 당신과 분리되거나 떨어져 계시는 것이 아니라 당신 가운데에 계시다는 점입니다. 하나님이 당신 자신의 외부에 있다고 생각한다면, 당신은 하나님을 바르게 알지 못하고 있는 것입니다. 하나님은 당신이 찾거나 얻을 수 있는 존재가 아닙니다. 하나님은 그 사람의 "큰 나"로 인식될 수 있습니다. [대문자로 표기하는 Self는 당신이나 나의 작은 자아(self)로서 개인화된 "무한한 자아"(the Infinite Self)를 가리킵니다.] 하나님은 당신의 "큰 나"이며, "큰 나"는 하나님의 존재 자체, 하나님의 아들, 하나님의 그리스도입니다. "큰 나"는 개인화된 하나님, 개인으로 표현된 하나님입니다. 당신이 이렇게 알 때,

당신은 겉으로 나타난 당신 자신을 바라보지 않습니다. 대신, "하나님은 나의 호흡보다 더 가까이에 계신다. 나는 무엇인가를 얻기 위해서 하나님에게로 가야 할 필요가 없다, 왜냐하면 하나님께서는 내가 알기도 전에 이미 나의 필요를 아시므로."라는 생각으로, 언제나 마음 푹 놓고 살 수 있게 됩니다. 당신 가운데에 계시는 하나님은 당신의 필요를 알 뿐만 아니라, "자기 나라를 당신에게 주는 것을 큰 기쁨으로 여기십니다."

당신은 하나님의 은혜를 얻는 것이 아닙니다. 그럴 수 있는 것도 아닙니다. 하나님의 은혜를 받을 만큼 충분히 선한 사람은 세상에 아무도 없습니다. 하나님의 은혜는 우리가 당연히 받을 수 있는 상속권입니다. 우리들 존재의 "큰 나"는 하나님의 자녀입니다. 그리고 그리스도와 더불어 하늘나라에 있는 모든 부의 공동 상속자입니다. 우리가 하나님의 은혜를 누리든 누리지 않든, 그럴 자격이 있다고 생각하든 없다고 생각하든, 하나님의 자녀로서의 상속권을 박탈당할 수 없다는 사실에는 변함이 없습니다.

온전한 성취로서의 하나님

하나님은 완성 자체입니다. 하나님은 스스로 충만합니다. 눈에 보이는 상징이 필요하다면, 태양을 생각해 보십시오. 태양은 빛과 열기를 내뿜습니다. 다시 말하자면, 태양은 자기 스스로 충만합니다. 당신은 더 많은 빛을 달라거나 더 많은 열기를 달라고 태양에게 기도하지 않습니다. 당신이 기도를 한다면, 당신의 기도는 "있음"에 대한 내적 깨달음이 될 것입니다. 태양은 빛을 내고 있습니다. 열기를 내뿜고 있습니다. 태양은 빛입니다. 당신이 태양을 어떻게 여기든, 그것은 존재하고, 자기 스스로 자기 일을 하면서 빛과 열기로 자기 자신을 충족시킵니다.

하나님은 창조자이시다

하나님은 창조의 원리이십니다. 하늘에 계시는 아버지는 우리의 진정한 부모이십니다. 이 세상의 부모가 부자인가 가난뱅이인가에 따라, 선한가 악한가에 따라, 관대한가 그렇지 않은가에 따라, 당신이 고통을 받거나 유익함을 얻는다고 믿는다면, 당신은 넝석으로 살고 있다고 할 수가 없습니다. 아버지 하나님은 이 세상과 우주를 유지하고 떠받치는 원리 자체입니다. 그는 당신의 선의 유일한 원천입니다. 우리는 인간의 부모를 존경할 수도 있고, 인간적인 차원에서 우리가 원하는 만큼 사랑을 느끼며 살 수도 있지만, 사실은 하나님이야말로 우리를 유지하고 떠받쳐주는 유일한 아버지요 창조자라는 것을 알아야 합니다.

당신 안에 있는 하늘 아버지는 당신의 필요를 이미 알고 계시며, 당신의 나라를 당신에게 주는 것을 큰 기쁨으로 여기신다는 것을 확실히 알고 믿지 않는 한, 당신은 항상 당신이 의지할 만한 "콧구멍으로 숨을 쉬고 있는 사람"을 찾아 헤맬 것입니다. 무엇인가를 충족시키기 위해서, 부모를, 아내나 남편을, 자녀를, 찾고 구할 것입니다. 그것이 잘 되지 않으면 정부 쪽으로 눈을 돌려서 생계유지비를 달라고 간청할지도 모릅니다. 왜 그렇게 될까요? 온갖 좋은 것들이 인간을 통해서 당신에게로 온다는 인간적인 믿음으로 살기를 선택했기 때문입니다. 당신 안에는 그분이 계시며, 그분은 당신에게 자기 나라를 주는 것을 큰 기쁨으로 여기고, 당신보다도 먼저 당신의 필요를 아신다는 깨달음, 그것만이 더 달라는 당신의 갈증과 허기를 가라앉힐 수 있습니다.

하나님, 유일한 사랑

부부간의 사랑, 부모와 자식 간의 사랑, 형제간의 사랑, 이웃 간의 사랑, 공동체 안에서의 사랑 등, 사랑에는 많은 형태가 있습니다. 사랑은 우리들 존재의 아주 주요한 인자입니다. 우리는 사랑에 의해, 사랑을 통해, 행복하게 됩니다. 사랑이 없으면 불행해집니다. 하지만 도대체 왜 사랑의 부재를 경험해야 한단 말입니까? 사실, 사랑이 부재한다고는 말할 수 없습니다. 사랑의 부재를 경험하는 것은, 우리의 무지 때문일 뿐입니다. 우리는 사랑을 위해서, 협력을 위해서, 우정을 위해서, 서로에게 기대하고 의존합니다. 바로 거기에 우리의 잘못이 있습니다. 우리가 서로에게 기대한다면, 우리는 오늘 사랑을 찾았다가도 내일은 증오로 변해 있는 사랑의 초라한 모습을 보게 될 것입니다. 오늘은 감사했다가도 내일은 배신감을 느끼게 될 것입니다. 오늘은 따뜻한 협력자였던 사람이 내일은 쌀쌀맞게 돌아설지도 모릅니다.

우리는 사랑을 위해 오직 하나님만을 바라보아야 합니다. 하나님은 사랑이십니다. 하나님은 사랑의 활동이십니다. 하나님은 무한하시고 보편적이시므로, 우리가 하나님 안에서 우리의 사랑을 찾을 때, 우리는 서로 안에 있는 하나님을 찾을 수 있게 됩니다. 모든 사랑은 하나님에게서 방사되는 것임을 깨달을 때, 우리는 이 세상에서 만나는 모든 이들 안에서 사랑을 보게 될 것입니다. 결국 이러한 반응을 하지 않는 소수는 우리의 경험에서 떨어져 나가고, 우리의 세상은 관계에 있어서 아주 자연스럽고 당연한 사랑의 방법으로, 우리의 의식계에서 우리를 사랑하는 사람들로 이루어지게 될 것입니다.

우리가 그분의 사랑 안에서 삶을 펼쳐 나가는 순간, 그분의 사랑은 우리의 존재를 충만하게 적셔 줍니다. 그분의 사랑은 우리들 존재의 핵심 테마입니다. 그분의 사랑은 우리의 생명이고, 사랑의 본질은 남김없이 주는 것이고, 조건 없이 용서하는 것입니다. 다른 사람을 탓하고 정죄하는 행위 속에는 사랑이 있을 수 없습니다. 용서될 수 없는 기억이 남아 있다면, 거기에는 사랑이 없는 것입니다. 사랑하는 마음속에는, 다른 사람을 정죄하는 일이 있을 수 없습니다. 오직 연민이 있을 뿐입니다. 사랑 속에서는 부모가 자식을 정죄하지 않고, 연인이 서로를 정죄하지 않습니다. 사랑이 있는 곳에 정죄는 없습니다. 사랑은 누구도 탓하지 않습니다. 다른 사람을 탓하고 정죄하면서도 사랑이 유지되는 경우는 없습니다.

하나님의 사랑은 만물을 두루 포함하고, 모든 존재는 그 날개 아래에 있습니다. 당신의 존재와 나의 존재, 성자와 죄인이 모두 마찬가지입니다. 이것이 하나님의 본성임을 이해하지 못한다면, 당신은 그분을 제대로 알았다고 할 수가 없습니다.

"크리스천 사이언스" 교회의 모든 벽에는 다음과 같은 글귀가 쓰여져 있습니다. "하나님의 사랑은 인간의 모든 필요를 언제나 충족시켜 왔고, 언제나 충족시켜 주실 것이다."

어느 날 저녁, 크리스천 사이언스 교회에 간 나는, 내가 알고 지내는 사람들을 둘러보면서 생각했습니다. "저 글귀는 현실과 맞지 않아. 자기들의 필요를 충족시키기 위해 여러 해 동안 신의 사랑을 목빠지게 기다리고 있는 사람들을 난 너무 많이 알고 있어. 저런 일은 일어나고 있지 않아." 나는 "크리스천 사이언스"를 창립한 에디 여사가 왜 저런 문구를 선택했는지, 골똘히 생각에 잠겼습니다. 한참 생각에 잠겨 있는데, 불현듯 에디 여사의 말이 틀림이 없다는 확신이 들었습니다. 사람들이 그 말을 정확하게 해석하지 못한 것뿐이었습니다. 하나님의 사랑은 외부의 어딘가에 존재하는 것이 아닙니다. 하나님의 사랑은 내부에 있습니다. 그러므로 우리들 인간의 필요를 충족시켜 주는 것은 우리가 표현하는 하나님의 사랑이지, 다른 무엇이 아닙니다. 우리가 공평하고, 보편적이고, 개인을 뛰어넘어 존재하는 사랑을 표현하지 않는 한, 우리의 필요를 충족시켜 주는 사랑은 존재하지 않습니다. 그날 저녁, 나는 하나님의 사랑이 저 어딘가 바깥에 존재하는 것이 아님을 깨달았습니다. 하나님은 저 어딘가 바깥에서 우리의 필요를 충족시켜 주시기 위해 기다리고 있지 않습니다. 하나님과 그분의 신적인 사랑은 우리의 내면에 있습니다. 하지만 우리가 그것을 표현하지 않는 한, 그것은 우리의 인간적인 필요를 충족시켜 줄 수 없습니다.

하나님의 사랑은 용서, 자비, 호의, 친절, 협력, 나눔 등으로 이루어져 있습니다. 하나님의 사랑은 이 모든 것들을, 그리고 당신이 생각할 수 있는 다른 어떤 것이라도, 두루 포함합니다. 우리가 하나님의 사랑을 표현하지 않는다면, 그것은 우리의 필요를 충족시켜 주기 위해 우리에게로 돌아와 주지 않습니다. 이러한 깨달음은 나의 삶의 방식에 변화를 가져다주었습니다. 왜냐하면 하나님이 무엇인가를 해주기를 기다리면서 배회할 만큼 어리석은 일도 없다는 것을 깨달았기 때문입니다. 그렇게 기다려보았자 하나님은 아무것도 해주시지 않을 것이고, 해주실 수도 없을 것입니다. 왜냐하면 하나님은 하나님으로서 영원히 존재하기만 하실 것이기 때문입니다.

하나님만이 유일한 힘

물론, 우리는 하나님이 유일한 힘임을 받아들이면서 첫 번째
계명에 순종하고 있다고 믿지만, 우리 중 누구도 사실은 그 계명에
순종하고 있지 않습니다. 그것이 현실입니다. 그리고 그 계명에
순종하는 정도에 따라 우리들 각자는 열매를 거둡니다.

첫 번째 계명에 순종하려면 어떻게 해야 할까요? 이른 아침부
터 하나님 외에는 어떤 힘도 인정하지 않겠다는 마음을 단단히
먹어야 합니다. 우리 안에서나 우리가 만나게 되는 사람들의 의식
안에서도, 하나님만이 유일한 힘으로서 작용한다는 것을 인정해야
할 것입니다. 우리는 하나님만이 우리의 선의 유일한 원천이고
활동이며, 하나님이 유일한 힘이므로, 어떤 남자나 여자나 아이도
우리로부터 그 힘을 빼앗아갈 수 없고, 빼앗아가서는 안 된다는
깨달음 속에서 하루를 시작할 수 있습니다.

하지만 우리는 매일같이 두려움에 직면하면서 살아갑니다.
은행에서 대출을 거부하지 않을까, 고객이 물건을 사주지 않을까,
어떤 식으로든 당신이 거부당하지나 않을까, 두려움에 빠질 때가
적지 않습니다. 당신이 가진 무엇인가를 빼앗길까 봐, 누군가에게
무시당할까 봐, 두려움 속에서 살아갑니다. 그러한 두려움에 빠질

때, 당신은 "콧구멍으로 숨을 쉬고 있는 사람"에게 힘을 부여하고 있는 것입니다. 하지만 사람이라는 것이 과연 그렇게 두려워할 만한 대상일 수 있을까요?

누군가에 의해서 우리에게 좋은 것이 주어지기도 하고 주어지지 않기도 한다는 믿음을 아무렇지도 않게 받아들이는 한, 우리는 첫 번째 계명을 지키지 않고 있는 것이고, 그럼으로써 우리 스스로 온갖 좋은 것들을 받지 못하고 있는 것입니다. 거기에 대해 더 설명해 보려고 합니다.

하나님, 진실의 유일한 원천

당신은 "진실"이 나에게서 당신에게 전해질 수 있다고 믿을지도 모릅니다. 하지만 그렇지 않습니다. 왜냐하면 하나님이 모든 "진실"의 원천이고 활동이기 때문입니다. 나는 당신과 똑같은 목적을 위해서, 하나님으로부터 "진실"을 받아들이기 위해서, 여기에 있습니다. 나는 누군가에게 줄 수 있는 "진실"도, 주지 않을 "진실"도 가지고 있지 않습니다. 나는 단지 "진실"이 신성으로부터 나를 통하여 흐를 수 있도록, 그것을 받아들일 수 있는 사람이면 누구든지 흐를 수 있도록 하기 위해서, 하나님과 의식 안에서 하나 된 상태를 유지할 뿐입니다. 이 순간, 나의 몸, 입, 혀, 마음은 "진실"이 하나님으로부터 우리에게 와 닿는 통로로서 쓰여지고 있습니다. 우리가 유일하신 하나님으로부터 "진실"을 받아들이기 위해서 함께 모여 있다는 사실을 깨닫는다면, 우리 모두는 어느 정도 "하나님-진실"을 받아들일 수 있습니다. 하지만 내가 당신에게 "진실"을 주고 있다고 당신이나 내가 믿는다면, "진실"은 우리로부터 가로막혀 닿을 수 없는 무엇이 되어 버릴 것입니다.

하나님, 유일한 공급자

많은 이들이 공급의 결핍을 경험했던 대공황을 기억하실 것입니다. 하지만 그 당시에도 사실은 결핍이나 부족함이 없었습니다! 땅에는 가축 떼가 가득하였고, 하늘에는 새들이 가득하였으며, 바다에는 고기들이 가득했습니다. 어디에 결핍이 있었습니까? 결핍은커녕 오히려 과잉공급이 있었다고 해야 할 것입니다. 풍요가 넘쳐나서 많은 양이 바다에 던져지고, 불에 태워지고, 창고에 비축되었습니다. 그때 이후로 계속 그래왔습니다. 공급의 결핍은 전혀 없습니다!

하나님은 공급자이십니다! **우리가 하나님을 가질 때, 우리는 공급자를 가지는 것입니다.** 우리가 할 일은 하나님을 인정하고, 그분이 공급의 원천이자 실천자이자 법칙임을 깨닫는 것뿐입니다. 우리는 하나님이 우리를 충분하게 채워주시는 분임을 인정해야 합니다. 우리의 일자리, 우리의 돈, 우리의 돈 많은 친척, 호의,

혹은 정부에 기대지 말아야 합니다. 모세와 마찬가지로, 우리는 하늘에서 만나가 떨어지는 일을 경험할 수도 있습니다. 바위를 치면 물이 나올 수도 있습니다. 엘리야와 마찬가지로, 우리 앞에 있는 돌 위에서 빵이 익어가고 있는 것을 볼 수도 있고, 까마귀들이 음식을 가져다주는 것을 경험할 수도 있고, 과부가 자신의 것을 덜어서 나누어주는 고마움을 겪을 수도 있습니다.

어떤 일이든 일어날 수 있습니다. 어떤 방식으로든 풍요가 주어질 수 있습니다. 우리가 더 이상 "콧구멍으로 숨을 들이쉬는 인간"에게 기대지 않고 하나님이 원천이심을 깨닫는 한, 모두가 각자 풍요를 경험할 수 있습니다.

하나님이야말로 당신이 받는 모든 것의 유일한 공급원임을 굳게 믿는다면, 당신이 필요로 하기도 전에 당신에게 필요한 공급이 언제나 어김없이 이루어지게 될 것입니다. 그것을 가로막는 것은 누군가가 그것을 당신에게 줄 수 있다거나 빼앗아갈 수도 있다는 당신의 믿음뿐입니다. 예를 들어봅시다. 고객들이 좋은 마음을 품어주는 것에 비즈니스가 달려 있다고 믿는 세일즈맨은, 실패의 조건을 안성맞춤으로 갖추고 있는 셈입니다! 하나님을 모든 비즈니스의 실천가로서 이해하게 되면, 김 양이든 박 군이든 누구에게나 물건을 사야 한다는 강요를 하지 않게 될 것입니다. 그럼에도 당신이 고객들에게 기대할 때보다 매주 수십 수백 배로 많은 판매고를 올리게 될 것입니다. 고객들을 정해 놓고 그들에게 기댈 필요가 없습니다. 누구에게 파느냐는 전혀 문제가 되지 않습니다. 중요한 것은, 판매가 이루어지는 것입니다.

당신은 말할지도 모릅니다. "하지만 난 하나님을 근원으로 알고 있고 인정하고 있어요!" 그렇다면 얼마나 자주, 얼마나 계속적으로 그렇게 하고 있습니까? 이따금씩만 그렇게 해서는 안 됩니다. 당신의 의식에 속속들이 스며들어야 합니다. 하나님이 공급의 원천이라는 깨달음이 속속들이 스며들어서, 거기에 대해서 의식적으로 생각할 필요가 없을 정도로 자동화되어야 합니다. 그때, 흐름이 생겨나서, 끊어지지 않게 될 것입니다.

하나님, 유일한 생명

당신은 생명을 가지고 있고, 나 또한 생명을 가지고 있습니다. 새로 태어난 아기도 생명을 가지고 있습니다. 그러나 과연 그럴까요? 절대로 그렇지 않습니다! 그것은 진실의 일부일지는 몰라도 전부는 아닙니다! 우리는 생명을 가지고 있지만, 그것은 우리 자신의 생명이 아닙니다. 우리가 가진 유일한 생명은 하나님입니다. 한 분이신 유일한 하나님이 계시고 그분이 생명이시라면, 오직 하나의 생명이 있을 수 있을 뿐이고, 그것은 하나님의 것입니다. 그러니 어떻게 젊은 생명, 늙은 생명, 병든 생명, 허약한 생명, 죽어가는 생명이 존재할 수 있겠습니까? 우리가 첫번째 계명에

116

순종하여 오직 한 분이신 하나님만이 존재한다는 것을 알고 인정할 때, 그래서 한 생명으로서의 하나님에 속속들이 젖어 있게 될 때, 병과 나이 듦, 죽음의 얼굴들은 희미해져 가기 시작하고, 우리는 저마다 개인의 존재로서, 너와 나의 존재로서 표현된 하나의, 조화로운, 완전한 생명을 의식하게 됩니다. 우리 안에 있는 필수불가결한, 오직 하나의 영적인 생명을 언제 어느 때나, 아무리 나이가 들어도, 내내 인식하게 됩니다.

하나님, 법이자 바탕

하나님을 유일한 힘, 유일한 원천, 유일한 법으로 알아차리고 인정하십시오. 이러한 알아차림은 유전의 법칙, 음식에 대한 법칙, 기후에 대한 법칙, 감염에 대한 법칙, 전염병에 대한 법칙들을 즉각 무효화시키기 시작합니다. 모든 물질적인 법칙이 힘을 쓰지 못하게 되는 것입니다. 당신이 하나님을 유일한 오직 하나의 법으로서 받아들이는 정도에 비례하여, 물질세계의 법들은 무효화됩니다. 경제의 법칙, 정치의 법칙, 물리의 법칙, 법에 관한 법칙들이 당신의 주의를 끌려고 할 때마다, 이렇게 생각하시기 바랍니다.

"고맙습니다, 아버지. 나는 오직 하나의 법만이 존재하며, 그것은 하나님의 법이라는 것을 알고 있습니다. 왜냐하면 오직 한 분이신 하나님이 계시며, 하나의 법 이외에는 다른 법이 있을 수 없기 때문입니다. 하나님은 영이시기에, 영적인 법 이외에는 다른 법이 있을 수 없습니다."

몸을 지니고 살아가는 우리는, 몸이 필요로 하는 것들의 결핍이나 불어남을 나타내는 환경을 만나게 됩니다. 하나님은 유일한 바탕이자 본질입니다. 그러니 하나님의 과잉공급이나 부족함은 있을 수가 없습니다. 하나님을 신성한 바탕이자 본질로 알아차림으로써, 당신은 곧 당신의 몸이 하나님의 온전함을 보여주고 있다는 것을 발견하게 될 것입니다.

하나님, 만물 안에서의 조화

우리는 죄, 질병, 죽음, 결핍, 한계 같은 외부의 양상들에 끊임없이 노출된 상태에서 살아갑니다. 그리고 우리는 그것들을 "실수의 그림들"이라고 부릅니다. 하지만 그 그림들은 우리의 영적인 의식이 발전하여 펼쳐짐에 따라, "보이지 않는 것"을 조화의 원천으로서 바라보게 됨에 따라, 변화하기 시작합니다. "보이지 않는 것"이야말로 존재하는 모든 것의 실상입니다. 그러므로 우리는 눈에 보이는 대로의 가치를 받아들이지 않고, "진실" 자체가 부조화스러운 양상들을 제거해 주도록 스스로 허용해야 합니다.

마음 푹 놓고 그분 안에서 쉬라

하나님을 제대로 앎으로써 거두게 되는 열매는, 무엇보다 먼저, 하나님이 곧 당신의 자아이며 당신이 만나는 모든 이들의 자아임을 당신이 얼마만큼 소화시키느냐에 달려 있습니다. 다음으로는, 당신 안에 있는 아버지께서는 당신의 필요를 말씀드릴 필요가 없을 정도로 이미 알고 계시다는 것을 당신이 얼마나 알고 소화시키고 있느냐에 달려 있습니다. 세 번째로, 당신은 아버지께서 당신에게 왕국을 주시는 것이 큰 기쁨이라는 것을 알아야 합니다. 그럴 때, 당신은 그러한 확신 속에서 마음 푹 놓고 쉴 수 있습니다. 그런 확신을 가질 때, 당신은 진실로 영적인 삶을 살고 있는 것입니다.

당신이 의지하고 있는 하나님은 당신의 바깥에 계시는 어떤 것이 아니며, 당신으로부터 분리되어 있는 분이 아님을 깨달아야 합니다. 그분은 "큰 나"라고 불리는 당신의 진정한 자아, 당신의 존재의 중심에 계시는 "큰 나"입니다. 진정한 당신은 당신의 큰 자아, 하나님의 자녀인 "나", 당신으로, 그리스도로, 하나님의 상속자인 하나님의 아들로 개인화된 하나님입니다. 당신은 그리스도와 함께 하늘나라의 모든 부를 이어받은 공동상속자입니다.

그러한 말씀 속에 살면서, 결과나 기대에 대한 생각 없이, 그저 주어진 모든 일을 하도록 하십시오. 하나님은 보상을 하시지 않는다는 것을 기억하십시오. 하나님이 어떤 일을 행하시든, 그 모든 것은 그저 하나님의 기능일 뿐입니다. 태양을 보십시오. 태양은 누가 무엇을 행해서 그 보상으로 빛과 열기를 주는 것이 아닙니다. 빛과 열기는 태양의 기능입니다. 그것을 주지 않는 경우는 없습니다. 하나님 또한 마찬가지입니다. 하나님은 주지 않는 법이 없습니다. 죄인이라고 해서 주지 않는 것이 아닙니다. 하나님은 그런 인간적인 성질을 가지고 계시지 않습니다. 그분은 인간이 아닙니다. 그러므로 하나님은 인간의 부모나 재판관처럼 행하시지 않습니다. 하나님은 무한한 존재이고, 영원한 존재이십니다. 하나님은 주거나 거두어들일 수가 없습니다. 하나님은 단지 존재하실 수 있을 뿐입니다.

이러한 진실을 앎으로써, 하나님의 신성한 존재가 당신의 삶 속에 활성화되어 경험으로 나타나게 됩니다. 당신은 하나님의 진실을 알도록만 부름받은 것입니다. 하나님에 대한 진실을 알게 되면, 하나님 안에서 마음 편히 쉴 수 있게 될 것입니다.

영적인 지혜

당신이 하나님의 본성을 알 때, 하나님보다 당신이 더 잘 안다고 더 이상 생각하지 않을 때, 하나님이라고 부를 수 있는 무엇인가가 존재한다고 더 이상 생각하지 않을 때, 모두에게 공평하신 하나님이 아니라 누군가에게는 특별히 무엇인가를 더 해줄 수 있다는 생각을 더 이상 하지 않게 될 때, 하나님을 당신의 적들을 이기기 위해 힘을 발휘해 주시는 분으로 더 이상 바라보지 않을 때, 그때 비로소 영적인 지혜가 열리기 시작됩니다. 그럴 때만이 당신은 하나님을 제대로 앎으로써 오게 되는 수확을 거둘 수 있게 될 것입니다.

영적인 깨달음

하나님을 바르게 안다는 것은 조화, 삶의 영원함, 완전함, 존재의 완벽함을 경험하는 일입니다. 우리가 건강, 물자의 조달, 인간관계 등에서 어떤 형태로든 결핍과 부족함을 경험한다면, 우리는 우리 자신이 하나님을 바르게 알지 못하고 있음을 스스로에게 통보해야 합니다. 하나님에 대한 연구를 어떤 관점에서 시작할 것인지 하는 것은, 우리 자신에게 달려 있습니다. 그것은 곧 우리 자신을 어떻게 바라보느냐 하는 문제와 다르지 않습니다. 어떤 이들은 이교도적인 신들을 믿고 있는 자기 자신을 발견할 수도 있을 것입니다. 그런가 하면, 내가 그랬듯이, 십계명 외에는 어떠한 종교적인 배경도 없이, 자기 자신을 바라보는 이들도 적지 않을 것입니다. 어떤 이들은 자신이 그리스정교회에 속해 있음을 발견할 것이고, 어떤 이들은 형이상학적이고 정신적인 가르침에 속해 있음을 발견할 것입니다. 어느 자리에 위치해 있든, 바로 그 자리에서부터 하나님에 대한 바른 앎에 눈을 떠야 합니다. 더 좋은 자리에서 시작하기를 바라는 것은 아무 소용이 없습니다. 당신이 어느 자리에 있든, 바로 거기에서부터 시작하여야 합니다. 어떤 수단이 당신에게 유용하든, 그 지점에서부터 나아가야 합니다.

하나님에 대한 바른 이해를 어디에서 찾아야 할까요? 바로 당신 자신 안에서만 바른 앎을 찾을 수 있습니다. 하나님에 대한 바른 앎은 어떤 책에서도 찾을 수가 없습니다. 제대로 된 책이라면, 당신 자신의 "큰 자아"로 당신을 되돌아가게 만드는 데에 막대한 도움을 줄 수 있습니다. 당신 자신의 "큰 나", 바로 그곳이야말로 당신이 하나님을 알아차리고 만날 수 있는 유일한 장소입니다. 책은 당신에게 영감을 주고 당신을 고양시켜 줄 수 있지만, 그것이 전부입니다. 그것들은 당신에게 하나님을 드러내어 보여줄 수 없습니다. 하나님은 오직 한 장소, 당신의 내면에서만 자신을 드러내어 보여줍니다. 왜냐하면 하나님의 나라는 당신의 내면에 있기 때문입니다.

나는 스물한 살이 되기 전까지는 성경책을 열어 보지도 않았습니다. 그 나이의 언젠가, 하나님이 계시다는 깨달음이 왔습니다. 그때부터 하나님을 찾기 시작했습니다. 수없이 많은 길들을 가보았습니다. 어떤 것들은 좋았고, 어떤 것들은 길을 헤매게 만들었습니다. 간단하게 말하자면 그렇습니다. 나의 길찾기는, 어찌 되었든, 오늘의 나로 이끌었던 셈이지요. 여러분 모두가 알다시피, 나의 길은 최종적인 것도 아니고, 완성된 것도 아닙니다.

이 영적인 길 위에서, 우리는 뒤로 미끄러져 넘어질 수도 있습니다. 길을 따라 나아가면서 그분을 바르게 알았다고 믿게 된 후에도, 우리는 나중에 단지 하나의 대안적인 길이었음을 알게 되기도 하고, 때로는 썩 만족스럽지 않기도 합니다. 그런 경우, 우리는 뒤로 돌아가서 다시 시작할 수 있습니다. 우리가 가진 아주 작은 선이라도 발견하고는, 거기에서부터 다시 나아갈 수가 있습니다. 실망하거나 낙담하게 되는 경우, 특히 나아가게 될 희망이 보이지 않을 때도 있지만, 그런 기간은 하루 이상으로 길어지지 않도록 해야 합니다.

우리가 경험하는 부조화나 불협화음은 하나님에 대한 우리 자신의 이해의 결핍 때문임을 솔직하게 인정한다면, 우리는 하나님에 대한 깨달음의 첫 번째 성취를 입증한 셈입니다. 모든 참구는 "하나님에 대한 바른 앎"에 바쳐져야 합니다. 건강, 조화, 넉넉한 살림살이, 안락한 집, 동료애 같은 것을 보여주는 데에 바쳐져서는 안 됩니다. 건강이나 넉넉한 살림살이 등을 구현하려고 에너지를 소모하지 말고, 영적인 삶 자체에 자기 자신을 바쳐야 합니다.

하나님을 깨닫기 위한 큰 걸음은, 하나님을 묵상하고, 명상하고, 우리들의 존재 안에 있는 실재로서의 하나님을 믿는 데서부터 출발합니다. 하나님은 있음 자체입니다. 그분은 모든 존재의 중심입니다. 그분을 바르게 아는 것 외에, 있는 그대로의 하나님을 아는 것 외에, 영원한 삶을 누릴 수 있는 다른 길은 없습니다. 우리를 영원히 살리는 것은 우리가 배워 온 하나님에 대한 개념이 아니라, 하나님 자신입니다.

6

오직 '한 몸'이 있을 뿐

주를 찾으려고 하지 마십시오. 목자를 찾지도 마십시오. 단지 주께서 당신
의 목자임을 깨닫고, 그러한 진실의 안전함과 편안함 속에서, 결핍이나 한
계의 모습들에 힘을 부여하지 마십시오.

"진실"에 대한 모든 가르침의 기본
은, 우리는 하나님 안에서 우리의 존재를 가지고, 움직이고, 살아간
다는 것입니다. 어떤 종교, 어떤 종파이든, "진실"에 바탕을 두고
있다면, 여기에 대해 동의합니다.

몇몇 종파에서는, 우리가 미래의 언젠가 하나님 안에서 살아
가게 될 것이라고 가르칩니다만, 진리의 새 물결에 동참하는 가르
침들은 우리가 "지금" 하나님의 자녀들이며, "지금" 지고의 비밀스
러운 곳에 있으며, "지금" 하나님 안에서 우리의 존재를 가지고,
움직이고, 살아가고 있다는 데에 동의합니다. 하지만 진리에 대한
가르침(조직화된 가르침이든 조직화되지 않은 가르침이든)이 우
리를 하나님 안에서 존재를 가지고, 움직이고, 살도록 만들어

주지는 않습니다. 우리가 가르침을 어느 정도로 받아들이냐 하는 정도에 비례하여, 우리에게 촉매가 되어줄 수 있을 뿐입니다.

어느 목회자 부부의 이야기를 들려드리고 싶습니다. 그분들은 진리를 추구하는 분들로서, 저와는 런던에서 만났습니다. 2차 세계대전 당시 독일이 런던을 맹공격할 때였습니다. 사람들은 가능하면 자기들의 마당에 대피소를 짓기에 바빴습니다만, 이 두 사람은 자신들이 하나님 안에서 살고 있으며, 자신들의 삶의 자리가 곧 지고의 은밀한 성소라는 것을 이해하기 위해 몰입하고 있었습니다. 그러니 어떻게 그들의 거주처 가까이에 불화와 부조화가 접근할 수 있었겠습니까? 그들은 공습대피소를 짓지 않기로 결정하고는, 실제로 폭격이 있게 되면 소방관으로 봉사하기로 했습니다.

런던에서 가장 큰 공항과 간선철도 사이에 위치한 그들의 이웃집들은 계속적으로 폭격을 맞았습니다. 런던의 그 지역은 단 하룻밤도 공습이 없이 지나간 적이 없었습니다. 공항과 철도는 심각한 피해를 입는 일이 적지 않았고, 그때마다 공항과 철도의 기능을 회복시키기 위해 애를 써야 했습니다. 가까운 곳에 있었던 공습대피소 중 한 군데는 직격탄을 맞아서 전 가족이 사망했습니다. 하지만 이들 부부는 전쟁 기간 동안 손끝 하나도 다치지 않았고, 집안의 창문 하나도 부서지지 않았습니다!

인간적인 관점에서 보자면, 이것은 기적이라고 해야 할 것입니다. 하지만 이들 부부에게는 아주 자연스러운 일이었습니다. 왜냐하면 그들은 하나님 안에서 살았고, 그러니 그 어떤 것도 그들의 거주지를 침입할 수가 없었기 때문입니다.

전쟁 기간에 공습대피소가 없이도 마음 편히 지낼 수 있을 만큼, 진리에 대한 가르침이 진리를 그렇게 깊이 받아들이도록 우리를 만들어 줄 수는 없습니다. 누구도 우리를 위해 그것을 대신 해줄 수는 없는 일입니다. 우리들 각자가 개인적으로 해야 합니다. 우리에게 주어진 이러한 삶의 비결, 이러한 가르침은, 각자가 개인적으로 그것을 받아들여야 하고, 그런 다음에는 진리를 살아야 합니다.

하나님 안에서 우리는 우리의 존재를 가진다

우리는 하나님 안에서 우리의 존재를 가집니다. 왜냐하면 우리는 하나님으로부터 방사된 생명이고, 그러므로 우리 자신이 신의 의식 자체이기 때문입니다. 우리가 아버지의 집을 떠나는 것은, "인간 정신의 광기"에 사로잡혀 있을 때뿐입니다.

물고기가 바다를 찾아서 헤매는 것을 본 적이 있는가?
독수리가 공기를 찾아서 날개를 퍼득이는 것을 본 적이
있는가? 하늘을 운행 중인 별들에게 묻고 싶어라, 임의 소식 들은 적이 있느냐고.
　　一프란시스 톰프슨, "하나님의 나라" 중에서

　물고기가 대양을 찾아 헤매는가요? 그렇지 않습니다! 물고기는 바다 속에 있지요. 물고기는 자신이 바다 속에 있다는 것을 모를지도 모르지만, 자신이 있어야 할 곳에 있다는 것을, 바다를 찾아 헤매는 일이 없이 자기 할 일을 하고 있다는 것을 분명히 알 것입니다. 하지만 물고기가 제정신이 아닌 순간이 있어서 (물고기에게 정신 나간 상태라는 것이 있다고 한다면) 인지력을 잃고는 자신이 바다에 있다는 것을 알지 못한 채 바다를 찾아서 미친 듯이 헤매고 다닌다고 상상해 보세요! 그것이야말로 정신 나간 짓이지요!

　하나님을 찾고 구하는 일에 있어서, 우리 또한 그와 마찬가지로 정신 나간 짓을 함으로써 고통받고 있습니다. 왜냐하면 우리는 아버지의 집을 떠날래야 떠날 수가 없기 때문입니다. 우리가 우리의 부조화와 갈등을 해결하기 위해 하나님의 힘과 현존을 구하고 찾을 때, 우리는 바다를 찾는 물고기와 마찬가지로 부자연스러운 상태에 있는 것입니다! 우리가 우리의 문제를 해결하기 위해 하나님을, 진리를, 치유법을, 기도를 찾는 한, 그러한 갈망은 우리의 문제로 여전히 남아 있게 될 것입니다. 우리가 다음과 같은 영적인 분별력을 얻게 되기 전까지는, 우리는 계속해서 세상과 불화하면서 부조화 속에서 살아갈 것입니다.

> 나는 이미 가장 지고한 성소에 있네. 나는 하나님 안에서
> 나의 존재를 가지고, 움직이고, 살고 있네. 내 일이 아버지의
> 일이라네.

영적인 분별

깨닫기 전에 우리는 좋은 사람들과 나쁜 사람들, 병든 사람들
과 건강한 사람들, 선한 힘과 악한 힘을 보게 됩니다. 악을 보는
것은 단지 우리가 보고 있는 것에 대한 우리의 무지일 뿐입니다.
여기에 대해서 설명해 보겠습니다.

예술에 무지한 사람들은 대가가 그린 유화를 보고도 그저
캔버스 위에 물감이 칠해진 것을 볼 뿐입니다. 그들에게는 그것이
전부이고, 언제나 그럴 뿐입니다. 그들은 그림을 감상할 줄을
모릅니다. 하지만 그림을 감상하는 법을 배운 사람들은 그림에
매혹당하게 됩니다. 음악 역시 마찬가지입니다. 어떤 사람들은
웅대한 교향악을 듣고도 끔찍한 소리로만 생각하겠지만, 교향악
연주에 매혹당하는 사람들도 많습니다. 음악이든 미술이든 감상을
할 줄 알아야 합니다. 음악이나 미술에 눈과 귀가 트이면, 그것이
얼마나 가치 있는 것인 줄을 실감하게 됩니다.

영에 접속되어 감동을 받으면, 우리는 영적인 가치관을 갖게 되고, 우리는 그것을 영적인 의식, 영적인 인식, 영적인 분별력이라고 부릅니다. 그로 인해 그동안에는 비실재적이고, 허무맹랑하고, 초월적인 것이라고 여겼던 것들이 실재가 되고, 모든 경험들과 우리네 전체 삶의 핵심이 되고 영혼이 됩니다. 그동안 실재라고 여겼던 외부 세계의 것들은 그림자가 되지요. 그렇습니다, 우리는 계속해서 먹고 마시고 잠자고 즐기지만, 외부 세계의 것들은 더이상 내면세계의 것들만큼 우리를 감동시키거나 흥분시키지 못하게 됩니다. 영적인 의식으로,

아, 우리는 이제 보이지 않는 세상을 보게 되었네. 만질수 없는 세상을 만지게 되고, 알 수 없는 세상을 알게 되었네.
감지할 수 없는 그대를 붙들게 되었네.
—"하나님의 나라" 중에서

여기에서 "우리"는 누구일까요? 세상 사람들은 보이지 않는 것을 볼 수 없습니다. 만질 수 없는 신을 만지지 못합니다. 알수 없는 것을 알지 못합니다. 보이지 않는 신의 현존을 붙잡지 못합니다. 그러니 "우리"는 세상에 속하지 않은 사람들입니다. "우리"는 영적인 인식을 하는 사람들이고, 내면의 아버지에게로 시선을 돌려서, 이러한 내적인 신의 현존, 이러한 내적인 빛, 이러한

130

내적인 광휘에 대한 깨달음을 어느 정도 얻은 사람들입니다. 나머지 세상 사람들에게는 만질 수 없고 인식할 수 없는 것에 대해서 깨닫고, 붙잡고, 시선을 놓치지 않을 수 있는 것은, 내적인 시야를 통해서만이 가능합니다.

그러기에 성경은 우리에게 이렇게 말합니다. "잠에서 깨어나라. 죽음에서 일어나라. 그리스도께서 그대에게 빛을 비추어 주시리라."

꿈에서 깨어나게 될 때, 당신은 무엇을 보게 될까요? 당신 자신이 두 날개를 지니고 떠돌아다니는 모습을 보게 되지는 않을 것입니다! 당신은 여전히 다른 사람들과 똑같은 발로 지구 위를 걷고 있을 것입니다. 똑같은 눈으로 보고 있을 것입니다. 하지만 당신이 바라보는 풍경은 전적으로 다를 것입니다. 이제 더 이상 당신은 좋은 사람들과 나쁜 사람들, 병든 사람들과 건강한 사람들, 신분이 높은 사람들과 낮은 사람들을 보지 않을 것입니다.

깨어나는 순간, 당신은 "무한한 존재"로서의 하나님, 그리고 개인화되어 있는 하나님을 보게 될 것입니다. 당신의 진정한 정체성을 깨닫게 될 것입니다. 이러한 내적인 시선으로, 당신은 "보이지 않는 세상을, 사람 안에서 숨어 있는 보이지 않는 하나님의 아들"을 보게 됩니다. 당신의 내적 시선으로, 당신은 이제 선과 악이 아니라, 오직 선만이, 오직 좋은 것들만이 존재한다는 것을 보게 될 것입니다.

이렇게 보이지 않는 우주를, 이렇게 보이지 않는 진실을 볼 수 있어야 합니다. 물고기가 지금 여기 물 속에서 헤엄치고 있다고 깨닫고, 독수리가 지금 여기 공기 속에서 날고 있다고 깨닫는 것과 마찬가지로, 우리도 지금 여기에서 "나는 하나님 안에서 내 존재를 가지고, 움직이고, 살고 있다"는 것을 깨달아야 합니다. 아무리 상상력을 동원해도 물고기가 물 밖에서 헤엄치는 모습이나, 독수리가 대기를 떠나 날아다니는 모습은 떠올릴 수가 없을 것입니다. 그것만 유념한다면, 우리는 어떻게 무슨 이유로 당신이나 내가 하나님 바깥으로 나갈 수가 없는지를 이해할 수 있습니다. 우리는 하나님의 영역 바깥으로 나갈 수도 없고, 우리 자신의 존재 바깥에서 하나님의 영역에 이를 수도 없습니다. 왜냐 하면 우리는 우리 안에 있는 하나님과 하나님의 나라 안에서 우리의 존재를 갖고, 움직이고, 살기 때문입니다.

한 방울의 물이 바다에 속하듯이, 한 방울의 물 속에 바다가 들어 있다는 것도 역설적이지만 진실입니다. 물리적으로는 가능할 것 같지 않은 것이 영적으로는 진실인 경우가 많습니다. 영적으로 우리는 하나님 안에서 존재를 가지고, 움직이고, 살고 있다는 것을 압니다. 하나님 역시 당신 안에서 자신의 존재를 갖고, 움직이고, 살고 있는 것입니다. 왜냐하면 "하나"이기 때문입니다. 하나님 은 무한한 존재입니다. 하나님은 무한 의식입니다. 하나님은 유일 한 존재이고 유일한 의식이므로, 하나님은 우리의 개인 의식이기도 합니다. "아버지의 '있음'은 곧 나의 '있음'입니다." 어떤 순간에는 우리 스스로 '온전함'과 '충만함'을 가리기도 하지만, 그렇다고 진실 자체는 변화되지 않습니다. 펼쳐짐의 과정 속에서 불완전함을 경험할 뿐입니다.

오늘 우리는 자신을 하찮은 벌레 한 마리처럼 여겨서 "그분의" 발아래에 앉을 가치도 없다고 느낄지도 모릅니다. 하지만 아주 작은 깨달음만으로도 우리는 "아, 그렇지 않아! 나는 진리를 배우는 사람으로서 벌레 한 마리보다는 훨씬 가치 있는 존재야."라고 말할 수 있는 지점에 도달할 수 있습니다. 조금 더 나아가면, "나는 하나님의 자녀"라고 말하게 될 것입니다. 더욱 더 나아가면, 이렇게 말하겠지요. "나는 하나님의 자녀일 뿐 아니라 상속자야. 하늘나라의 모든 부를 상속받는 그리스도와 공동 상속자야."라고 말할 수 있게 될 것입니다. 그렇게 점점 성장하는 것 같지만, 그렇지 않습니다. 언제나 그래 왔고, 지금도 그러하고, 앞으로도 그러할 우리의 존재 상태를 단지 점점 더 알아가고 있는 것일 뿐입니다. 한 마리 하찮은 벌레에서 하나님의 그리스도로 변화되는 것이 아닙니다. 단지 잠에서 깨어나서, "나는 이미 ~이고, 언제나 ~이었다"고 깨닫는 것입니다. 우리는 우리의 "새로운" 정체성을 스스로 정하고는 마치 그것이 진실인 것인 양, 그 세계 속에서 살아 왔으며, 지금까지는 실상을 깨닫지 못했습니다.

우리는 유혹에 직면하게 되는 경우가 적지 않습니다. 우리가 하나님 안에서 우리의 존재를 갖고, 움직이고, 살아가고 있지 않다고 믿고 싶은 유혹, 하나님과 분리되었다는 것을 받아들이고 싶은 유혹, 죄와 질병, 죽음, 결핍과 한계를 우리가 극복해야 할 실제적인 환경이라고 받아들이고 싶은 유혹. 이러한 유혹이 다가올 때, 치료약은 이것입니다.

"고맙습니다, 아버지, 나는 당신 안에, 이미 집에 돌아와 있습니다. 나는 지고의 성소에 존재합니다. 어떤 모습을 띠고 있든 나는 악이 두렵지 않습니다. 나와 아버지는 하나이기 때문입니다. 아버지가 가진 것은 모두 저의 것이기 때문입니다."

당신이 "있는 그대로" 존재하는 상태에 머무는 시간이 많을수록, 주께서 나의 목자이시므로 나는 부족할 것이 없다는 깨우침이 더 클수록, 당신은 당신의 참자아에 대한 깨달음에 더 가까이 다가가게 됩니다. 주를 찾으려고 하지 마십시오. 주를 당신의 목자로 만들려고도 하지 마십시오. 목자를 찾지도 마십시오. 단지 주께서 당신의 목자임을 깨닫고, 그러한 진실의 안전함과 편안함 속에서, 결핍이나 한계의 모습들을 직면하십시오. "진실"은 우리의 은신처이자 우리가 살아가는 거처입니다. 우리가 그러한 진실 안에서 살 때, 그 말씀으로 하여금 우리 안에서 살도록 허용할 때, 우리는 모든 유혹에 대한 치료약을 갖게 됩니다.

치료약이나 치유법을 찾을 필요도 없고, 탄원의 기도를 할 필요도 없습니다. 왜냐하면 우리는 이미 하나님 안에서 우리의 존재를 갖고, 움직이고, 살고 있기 때문입니다. 우리가 해야 할 모든 것은 마음을 고요히 하고, "감사합니다, 아버지. 이미 이루어졌습니다."라고 말하는 것입니다. 어떤 상황에서든, 다음을 명심하십시오.

> "두려워하지 말라. 그것은 '나'다. 나는 너의 한가운데에 있다. 나는 너와 함께 있다. 나는 너를 떠나지도 않을 것이고, 버리지도 않을 것이다."

하지만 우리의 의식 안에 이를 받아들일 때에만 우리의 경험을 통해서 보이는 것으로 나타나게 된나는 것을 기억하십시오. 그것이 참이라는 사실 자체는 당신을 도울 수 없습니다. 이런 진실에 대한 의식적인 깨달음만이 당신을 도울 수 있습니다. 이 진실은 병원에서, 감옥에서, 전쟁터에서, 궁핍과 가난 속에서, 만인에게 적용됩니다. 하지만 이 진실 자체가 모두를, 세상을 도울 수 없습니다. 왜일까요? 하나님과 분리되었다는 잘못된 인식이 우리 안에 오랫동안 똬리를 틀어 왔기 때문입니다.

당신이 어딘가 하나님 바깥에 존재하고 있으며 다시 돌아가려고 애쓰는 한, 혹은 하나님을 경험하려고 하는 한, 당신은 계속해서 하나님으로부터 분리되어 있다는 의식 속에서 살게 됩니다. 분리의 감각을 극복하는 유일한 길은 지금 여기에서 다음과 같이 인식하는 것입니다.

그대가 가는 모든 길 안에서 그분을 인지하라, 그러면 그분은 그대에게 휴식을 주리라. 그러므로 설령 내가 지옥 속에 있다고 할지라도, 그분은 여기에 계시다. 내가 사망의 음침한 골짜기를 거닐지라도, 나는 악을 두려워하지 않을 것이다. 그분이 여기에 계시므로. 나는 이미 내가 찾고 있는 그것이다. 내 안에 계시는 하나님은 강하시다. 주는 나의 목자이시다. 나는 지고의 은밀한 성소 안에 있다. 나의 존재가 곧 아버지의 일이다. 아버지의 "있음" 모두가 나의 "있음" 이다. 나의 눈은 불화와 부조화와 유혹에 닫혀 있다. 나는 악을 보지도 않고 듣지도 않는다.

그래요, 당신은 그것들을 당신의 눈으로 보고 귀로 들을 것이지만, 그것들을 실재하는 것으로는 받아들이지 않을 것입니다. 당신은 그것들을 실재하지 않는 그림자로 볼 것이고, 그래서 그것들을 두려워하거나 미워하거나 사랑하지 않을 것입니다. 그것들에 힘을 부여하지 않을 것입니다. 모습들에는 힘을 부여하지 마십시오. 왜냐하면 "다른 신은 없기 때문입니다." 다른 힘은 존재하지 않기 때문입니다. 그렇습니다. 당신은 너무나 오랜 동안 당신의 눈으로 잘못 보아 왔고, 당신의 귀로 잘못 들어 왔습니다. 당신은 맛보고, 냄새 맡고, 만질 것이지만, 거기에 힘을 부여하지는 말아야 합니다. 그것을 부정하거나 무시할 필요는 없습니다. 단지 제대로 보기만 하십시오. 거기에 힘을 부여하지 마십시오. 하나님 만이 유일한 힘이라는 것을 알아차리십시오. "하나님의 나라는 내 안에 있으므로, 모든 힘이 내 안에 있다."

모든 힘이 당신 안에 있으므로, 세상의 어떤 것이든 사실은 힘을 가질 수가 없다는 것을 깨달아야 합니다.

"하나님의 나라가, 모든 힘을 가진 나라가 내 안에 있는데 어떻게 힘을 가진 사람이 따로, 저기에 있을 수가 있겠는가? 하나님의 나라가 내 안에 있는데 병원균이 힘을 가질 수가 있겠는가? 모든 힘이 내 안에 있고, 내면으로부터 외부로 흐르고 있는데, 힘을 가진 사람이나 사물, 상황이 어떻게 따로 있을 수 있겠는가?"

그렇게 마음먹을 때, 당신은 어떤 사람, 어떤 장소, 어떤 것, 어떤 상황을 보든 이렇게 말할 것입니다. "그대들은 나에게 어떤 힘도 가질 수가 없어. 하늘에 계시는 아버지로부터 오지 않는 힘은 아무 힘이 없으니까." 내면에 그리스도를 품은 사람은 세상의 빌라도들에게 그렇게 말할 수 있을 것입니다. 왜냐하면 그는 하나님의 나라를, 내면에 있는 "모든 힘"을 알고 있기 때문입니다.

당신이 당신의 의식 안에 이 위대한 진실을 확립할 때, 어떻게 어떤 사람이나 사물을 사랑하거나 미워하거나 두려워할 수가 있겠습니까? 어떻게 어떤 사람의 좋은 생각이나 나쁜 생각에 힘을 부여할 수가 있겠습니까? 어느 누구의 좋은 생각도 당신을 치유해 줄 수 없습니다. 어느 누구의 나쁜 생각도 당신을 해칠 수 없습니다. 당신이 스스로 힘을 부여하지 않는 한, 외부의 어떤 것도 당신을 다칠 수 없습니다. 외부의 어떤 것을 두려워한다면 그것은 벽에 비친 그림자를 두려워하여 달아나는 것과도 같습니다. 그림자가 때로는 사람처럼 보이기도 하고, 커다란 괴물처럼 보일 수도 있겠지만, 그것은 그림자일 뿐입니다! 하나님의 나라가 내면에 있다면, 모든 힘은 당신 안에 있고, 그러니 당신은 바울처럼, 이렇게 말할 수 있습니다.

"이 모든 것이, 이 모든 사람들이 나를 해칠 수 없습니다. 어떤 폭탄도 나를 다치게 할 수 없습니다. 외부의 어떤 것도 나를 움직일 수 없습니다. 모든 힘은 내면에 있기 때문입니다."

우리는 이런 진실을 악한 힘을 극복하기 위한 무기로 사용하지는 않습니다. 이러한 진실에 달라붙어서 단지 그것을 존재의 진실을 상기시키는 데에 활용할 뿐입니다. 우리의 의식 안에서 이 진실이 확고하게 자리하게 되면 그때부터는 우리의 경험에 작용하는 하나의 법칙이 됩니다.

우리 의식 안에 자리한 이 진실이 우리의 갑옷입니다. 하지만 '갑옷'이라는 말을 방어의 의미에서 사용하게 되면, 방어에 대한 개념을 떠올리는 순간 우리는 모순에 빠지게 됩니다. 하나님이 존재의 모든 것이고 모든 힘인데, 도대체 무엇을 방어할 필요가 있겠습니까? 그런 까닭에 "인피니트 웨이"에서 우리는 하나님을 "하나의 힘", "유일한 힘"이라고 보고, "하나임의 갑옷"이라는 용어를 사용합니다.

"하나임의 갑옷" 입기

"하나"로서의 하나님은 모든 영적 가르침 중에서 가장 위대한 계시의 하나이지만, 아주 차원 높은 영적 가르침에서만 언급됩니다. 그것은 단지 "하나"로서의 하나님에 대한 진술이 아닙니다. 하나의 계시입니다. 하나님은 "하나"입니다. "하나"이자 유일한 "힘"이요 "실재"입니다. 구원될 필요가 없는 "한" 생명입니다. 치유되어야 할 필요가 없는 "한" 생명입니다. 정화되어야 할 필요가 없는 "한" 혼입니다. "하나"의 본질, "하나"의 활동입니다.

유일한 본질(Substance)로서의 하나님, 거기에는 나쁜 본질도 없고, 악한 본질도 없으며, 너무 많은 본질도 없고, 너무 적은 본질도 없습니다. 그러니 본질을 변화시키기 위한 말씀이나, 생각이나, 사물이 필요하지 않습니다.

하나님은 유일한 "활동"입니다. 누가 하나님의 활동을 두려워할 수 있겠습니까? 그러므로 공격하거나 방어하기 위한 어떤 말씀이나 생각, 갑옷은 필요하지 않습니다. 예, 그렇습니다, 우리는 다른 활동이 있다고 믿도록 유혹을 받곤 합니다! 거리 모퉁이에서 총을 든 사람이 나타난다고 할 때, 우리의 첫 번째 유혹은 그 사람을 능가하는 물리적인 힘이나 정신적인 힘을 사용하고 싶은 충동입니다. 하지만 영적인 진리는 우리에게 말합니다. "고요히 서 있어라. 싸울 일이 아니다." 하나님 외에 다른 힘은 없습니다. 하나님의 활동 외에 다른 활동은 없습니다. 그러므로 총을 든 사나이로 하여금 자신의 작은 총으로 마음껏 즐기도록 내버려두십시오!

포탄이 투하되고 있을 때, 모든 사람들은 대피소를 짓고 싶어합니다. 정신적인 방어벽이라도 짓고 싶어합니다. 어디에 대항하기 위해서입니까? 하나님의 활동을 위해서인가요? 하나님의 활동 외에 다른 활동은 없습니다! 그리스도인의 세계에서는 하나님만이 유일한 활동이라고 가르쳐지고 있지 않은가요? 하나님만이 유일한 활동인데, 어떻게 두려움이라는 것이 있을 수 있을까요? 포탄은 세균과 마찬가지로, 또 다른 유혹이 될 수 있습니다.

정신세계에 중심을 두고 살아가는 우리는 다른 사람들과는 달리 세균이라는 것을 그렇게 두려워하지 않습니다. 돌림병이나 감염이 위세를 떨치면, 우리 역시 세상 사람들과 마찬가지로 감염의 위험에 처하게 됩니다. 하지만 우리는 담대히 살아가고, 아무 일도 일어나지 않습니다. 왜일까요? 왜냐하면 우리는 감염이나 돌림병이 아무런 힘도 가질 수 없다는 것을 알게 되었기 때문입니다. 그것들이 하나님의 활동이라면 당연히 힘을 가졌을 것입니다. 하지만 그것들은 하나님의 활동이 아닙니다. 그것들은 단지 하나님과 별개의 활동이, 본질이 있다고 믿게 만드는 유혹거리일 뿐입니다. 아주 작은 세균이든 커다란 폭탄이든 아무런 차이가 없습니다. 그것들은 어떤 것도 우리를 죽일 수 있는 힘을 갖고 있지 않습니다! 인간의 믿음이 거기에 힘을 부여할 뿐입니다. 당신의 생명이 위협을 당한다고 할지라도, 미소를 지을 수 있어야 합니다. 왜냐하면 오직 한 생명만이, 하나님의 생명만이 존재하기 때문입니다. 두 생명—당신의 생명과 하나님의 생명—이 있다는 당신의 믿음이, 당신의 생명을 잃을지도 모른다는 두려움을 당신에게 가져오는 것입니다. 하지만 당신의 생명이 하나님과 별개의 것이라는 모든 믿음을 내려놓는 순간, 당신은 지금 여기 이 세상에 존재하면서도 불멸의 영원함에로 들어서게 됩니다.

우리가 "하나임"에 대해 말할 때, 우리는 오직 하나의 힘으로서의 하나님에 대해서 말하고 있는 것입니다. 악의 힘에 대항하기 위한 힘이나 질병이나 죄를 이기기 위한 힘으로서의 하나님을 말하는 것이 아닙니다. 왜냐하면 당신을 방어하기 위한 어떤 힘이 외부에 있는 것이 아니기 때문입니다. 다시 말하자면, "하나임의 갑옷을 입는 것"은, 세상적인 의미의 갑옷이나 무기가 없이 골리앗에 맞서 싸우기 위해 나아가는 다윗과도 같습니다. 다윗은 골리앗이 허풍쟁이에 불과할 뿐, 사실은 아무런 힘이 없다는 것을 증명해 보였습니다.

"하나임의 갑옷"을 입는다는 것은, 공격하기 위한 칼이나 방어하기 위한 갑옷이 없이, 나아간다는 의미입니다. 확언하지도 않고 부정하지도 않고 나아간다는 뜻입니다. 우리는 긍정하거나 부정하는 확신을 갖고 우리의 죄나 질병, 죽음, 결핍감, 한계를 없애려고 애를 씁니다. 하지만 이런 조건들은 실재하지 않습니다. 우리로 하여금 싸우도록 유혹하는 겉모양들일 뿐입니다.

무엇보다 그 싸움은 갑옷과 칼을 가지고, 나중에는 총과 폭탄들을 가지고 행해지게 됩니다. 그러다가 당신이 정신세계에 입문을 하게 되면, 그 싸움은 생각들을 갖고, 긍정과 부정의 확신을 갖고 하게 됩니다. 그 영역 안에 있을 때에는 갑옷과 칼을 포기하기가 어렵지 않습니다만, 긍정이나 부정의 확신을 포기하기가 더욱 어려워집니다.

'하나임'의 갑옷을 입으십시오. '하나임'이라는 한 단어로 삶 속의 모든 상황에 대처하십시오. 나쁜 활동들로 인해 위협을 당하고 있다고 느끼신다면, 하나님만이 유일한 활동임을 기억하십시오. 자질에 대해서 나쁜 느낌(너무 많다거나 너무 적다는)으로 곤란을 겪고 있다면, 오직 하나의 자질이 있을 뿐이며, 그것은 하나님임을 기억하십시오. 악한 자질이라는 것은 없습니다. 나쁜 자질이라는 것도 없습니다. 병든 자질이라는 것도 없습니다. 오직 하나의 자질이 있을 뿐이니, 그것은 영입니다.

삶에서 일어나는 모든 상황, 모든 조건을 '한'이라는 단어, 한 생명, 한 혼, 한 마음, 한 존재, 심지어는 한 몸이라는 것으로 대처하십시오. 오직 한 하나님, 한 생명이 있을 뿐이므로, 오직 하나의 화신(化神), 하나님의 몸이라는 '하나'가 있을 뿐입니다. 겉모양들은 우리들 각자가 하나의 몸을 가진다는 것을 나타냅니다. 우리는 모두 차이가 있는 것 같습니다. 건강한 사람이 있는가 하면, 그렇지 않은 사람이 있습니다. 더 가진 사람들이 있고, 덜 가진 사람들이 있습니다. 그래서 우리는 하나의 몸 이상이 있다는 이원성에 대한 믿음을 받아들여 왔습니다.

"너희는 너희의 몸이 하나님의 성전임을 알지 못하느냐?"(고린도전서 3:16) 이 성경구절에서는 우리들 각자의 몸이 하나님의 성전이라고는 말하고 있지 않습니다. 우리의 몸이 하나님의 성전이라고 말하고 있습니다. "하나님"이 실상이므로, 오직 "한 몸"이

있을 뿐입니다. 그러니 당신의 몸에 대해서 두려워할 것은 아무것
도 없습니다.

7

진리의 씨앗, 뿌리고 가꾸기

세상 사람들은 왜 진리를 파괴하려고 할까요? 진리는 삶의 안락함을 파괴하기 때문입니다. 진리는 개인의 이익 추구를 멈추게 하고, 신의 사랑으로 우리를 끌어올려 줍니다.

 영적인 가르침은 당신의 의식에 진리의 씨앗을 심습니다. 진리란 하나님, 사랑, 그리스도, 영과 동의어입니다. 진리가 하나의 씨앗으로서 우리의 의식 안에 심어지는 것입니다. 얼마나 심오한 진리이든, 그것은 오직 하나의 씨앗의 형태로서만 우리의 의식 안에 들어올 수 있습니다. 먹을 수 있고, 즐길 수 있고, 이웃들과 나눌 수 있는 과실의 형태로서 우리에게 오는 것이 아닙니다. 씨앗 자체로서는 나눌 수가 없습니다. 밭에 씨를 뿌린 다음, 그 다음 날 바로 그것을 파서 이웃들과 나눌 수는 없는 일이지요! 그렇게 한다면, 친구들이나 이웃들, 공동체와 나눌 수 있는 수확을 거두지 못하게 됩니다.

씨앗이 자라서 꽃피고 열매 맺기까지는 시간이 걸립니다.

의식 깊숙이 그것을 묻어야 하고, 기르고 보살펴야 합니다. 뿌리를 내리고, 자라서, 꽃을 피우고, 열매를 맺어야 합니다. 충분히 자라서 열매를 맺는 나무를 보려면 시간이 걸립니다. 바로 다음날 열매를 거둘 수는 없는 일입니다. 당신 자신 안에 진리의 보석들을 간직하고, 그것들이 어떻게 자라고 확장해서 열매를 맺는지를 증거할 수 있어야 합니다.

우리가 우리의 의식 안에 받아들인 진리의 씨앗들은 우리가 그것과 더불어 살고, 거듭거듭 연습을 해야 합니다. 진리의 씨앗들은 하나님에 대한 감사의 마음, 서로에 대한 우리의 감사하는 마음, 우리의 적들에 대한 친절과 용서하는 마음, 그들을 위한 기도를 통해서 자라게 됩니다. 이러한 진리의 씨앗들이 열매를 맺을 때, 진리가 우리 안에서 증거될 때, 그때 우리는 열매를 나눌 수 있습니다. 진리는 치유의 힘을 지니게 되고, 공급을 늘려줄 수 있게 됩니다.

예수께서는 30세가 될 때까지 진리를 자기 자신 안에 간직하고 계셨습니다. 그동안에는 가르치거나 설교를 하거나 치유를 하려고 하시지 않았습니다. 진리를 내면으로 숙고하시고, 그것과 더불어 사시고, 그것을 연습하시고, 그것에 감사하는 마음을 품으셨습니다. 그런 후 준비가 갖추어지자 그분은 밖으로 나가셔서 자신의 내면에서 활짝 꽃피어난 영적인 은총을 드러내셨습니다.

우리가 한 권의 책을 읽고 있을 때나 명상을 하고 있을 때,

혹은 글을 쓸 때, 진리는 우리에게 자기 자신을 자주 드러내어 보입니다. 우리가 지성적으로 알고 있었던 진리는 갑자기 살아 있는, 실현된 진리가 됩니다. 그런 일이 일어날 때, 우리는 바깥으로 나가서 그것을 전해줄 수 있는데, 그것과 더불어 나타나는 징조들을 함께 전해주려고 하기 쉽습니다.

나는, 깨닫긴 했지만 그것이 나를 통해서 직접 입증되지 않는 진리에 대해서는 가르치지 않습니다. 많은 책들에 쓰여져 있어도 내가 직접 경험하지 않은 진리는, 말하지 않으려고 합니다. 여러 해 동안 사람들은 나에게 산상수훈에 대해서 말했지만, 내 대답은 한결같았습니다. "읽긴 했지만, 아직 이해하지 못하고 있어요. 그것이 무슨 뜻인지 깨닫지 못했기 때문에, 거기에 대해서는 말해줄 수가 없습니다."

그런데 1956년, 사람들에게 가르침을 주려고 연단 위에 앉아 있는데, 산상수훈에 대한 활짝 밝은 깨우침이 저에게 왔습니다. 그래서 1956년의 남은 기간 동안에 저는 나 자신에게 계시된 이 진리에 대해서 가르쳤습니다. 이제는 깨달은 진리가 되었기 때문입니다. 다음 해에는 그것을 책으로 써서 출판했지요.

성경의 많은 진리들에 대해서도 우리는 마찬가지 자세를 지녀야 한다고 생각합니다. 우리에게 살아 있는, 그래서 우리 스스로 입증할 수 있기 전에는 거기에 대해 말할 자격이 없습니다. 그것들이 스스로 자신들을 입증하기 전에는, 말할 권리가 없습니

다. 진리가 스스로를 드러내는 경험을 한 뒤에야 우리는 성경의
진리를 나눌 수가 있게 됩니다.

진리의 씨앗을 은밀하게 양육하기

내가 말하고 있는 것이 내 경험의 과실이며, 영적인 길을
걷는 많은 이들의 삶을 통해서 내가 목격한 것임을 당신 안의
무엇인가가 당신에게 말을 해준다면, 내가 말한 것들이 옳다는
느낌을 가질 수 있다면, 진리의 씨앗들 하나를 은밀하게 기르는
연습을 하십시오. 예를 들어봅시다. 공급의 원리를 받아들이고,
그것을 당신의 의식 안에 가두어두고 은밀하게 연습하기 시작하십
시오. 당신이 가진 것을 조금이라도 나누려고 하는 마음을 가지십
시오. 하루에 짧은 시간이라도 할애하여 당신의 경쟁자들과 세상
의 적들을 위해 기도하고 용서하는 마음을 가지십시오. 하루 중
조금씩이라도 일종의 십일조를 바치도록 하십시오. 당신이 지원하
기를 원하는 자선 등을 위해서 당신의 수입 중 일부를 모은다는
생각을 갖도록 해보십시오. 이런 것들은 은밀하게 행해야 합니다.
비밀스럽게 기도하고, 비밀스럽게 자선을 행하십시오. "사람들에
게 보여서", 다른 사람들의 인정을 받기 위해서 이런 행위를 한다면,
당신은 하나님의 은혜를 잃어버리게 됩니다. 은밀하게 보시는
아버지께서 공개적으로 당신에게 보상해 주실 것입니다.

감사를 연습하십시오. "아버지, 저에게 갖게 해주시니 감사합니다." 이렇게 연습하십시오. 당신이 결핍을 표현하면, 당신은 계속적으로 결핍을 경험하게 될 것임을 기억하십시오. 결핍을 표현하면, 당신은 당신이 가진 것마저도 빼앗기게 될 것입니다. "가진 자는 그 가진 것마저 빼앗기리라"(마태복음 13:12).

어디에나 계시고(편재), 모든 것을 아시며(전지), 무엇이든 하실 수 있다(전능)는 것을 당신의 의식 속에 받아들이십시오. 이 세 가지 성질을 거듭 숙고하시고, 파워가 제대로 느껴지지 않거나 잘못된 형태로 나타날 때마다, 전능하심이 진실이라면 이런 잘못된 파워의 형태는 진실일 수가 없다는 것을 당신의 내면에서 깨달으십시오.

하나님 앞으로 나아가 당신의 문제를 아뢰고 싶은 생각이 들 때마다, 즉각 하나님은 모든 것을 다 아신다는 것을 기억하도록 하십시오. 하나님은 당신의 필요와 문제를 이미 알고 계신다는 것을 당신 자신에게 상기시키십시오.

편재, 전지, 전능이라는 이 세 단어를 마음속에 간직하고 이 단어들과 함께 일하십시오. 하지만 무엇보다도, 고요하고 은밀하게 그렇게 해야 합니다. 그것들에 대해서 말을 한다는 것은 땅을 파서 씨앗을 묻지 않고 땅 위에 흩뿌리는 것과 같습니다.

편재, 전지, 전능과 더불어 일하십시오. 그것들이 당신 안에서 자라나서 온전히 자란 아기가 될 때까지. 그런 다음에는 모든 개념들이 영적이라는 것을, 이런 이데아들은 당신의 내면에서 잉태된다는 것을 이해하게 될 것입니다. 그런 후에야 당신은 때 묻지 않은 관념이라는 것과 처녀 탄생의 의미를 이해하게 될 것입니다.

이런 이데아들은 당신 안에 진리의 배아로서 뿌리를 내립니다. 당신이 그것들과 더불어 일하고, 숙고하고, 거기에 대해서 기뻐하면, 당신은 어느 날 이런 진리의 배아들이 처녀 탄생과도 같은 징후들을 가지고 자라났다는 것을 알게 될 것입니다. 그것들은 기쁨과 즐거움을 노래할 것입니다. 세상의 현자들이 당신에게 와서 당신이 낳은 진리에 대해 엎드려 절하게 될 것입니다. 남자들과 여자들이 당신을 통해서 진리가 태어난 데 대해, 또한 당신에게서 세상으로 진리가 나아간 것을 축하하며 당신에게 경의를 표할 것입니다.

하지만 세상에 진리를 드러내기에 앞서서 당신은 그것들을 먼저 "이집트로 가지고 가서" 잠시 동안 "감추어 두어야" 합니다. 왜냐하면 세상은 진리를 파괴하려고 들 것이기 때문입니다. 세상사람들은 왜 진리를 파괴하려고 할까요? 진리는 삶의 안락함을 파괴하기 때문입니다. 진리는 개인의 이익 추구를 멈추게 하고, 신의 사랑에로 우리를 끌어올려 줍니다. 그리하여 우리는 신의 사랑 안에서 그 사랑을 자신도 모르게 나누게 됩니다. 작은 종교적

150

그룹의 멤버들로서뿐만 아니라 친구들끼리, 심지어는 적들과 함께라도 사랑을 나눌 수 있게 됩니다. 우리는 이웃들의 종교적 믿음이나 의술에 대한 믿음에 상관없이, 이웃들과 사랑을 나누어야 합니다.

진리는 편하지 않다

진리를 추구하지 않는 사람들에게 진리는 매우 불편한 무엇입니다. 우리가 영적인 길을 가게 되고, 거기에 심취할수록, 우리는 세상적인 길과는 점점 더 멀어지게 됩니다. 우리가 사용하는 말씨가 달라지게 됩니다. 저질스러운 말들이 우리의 어휘에서 사라지게 됩니다. 세상적인 삶의 방식과 수단이 예전과는 달리 점점 더 싫어집니다. 세상에는 분노해야 할 굵직한 주제들이 많지만, 우리는 사소한 것들에 더욱 더 기분 상해 합니다. 여전히 자신의 인간적인 삶을 사랑하는 사람들에게 구체적인 형태로 진리를 나타내 보이면, 사람들은 냉소하고 기분 상해 할 것이 분명합니다. 당신은 그들이 "돌아서서 당신을 공격할" 것임을 알아야 합니다. 어떠한 악에도 전혀 힘이 주어져 있지 않다는 것을 충분히 이해하고 있지 않는 한, 당신은 상처를 입을 것입니다. 모든 힘은 하나님께 속하고, 모든 힘은 선합니다.

우리는 상심 중에 있는 사람들을 보면 너무나 자주 우리가 가진 "진실"을 나누고 싶어 합니다. 우리는 우리가 가진 것이 그들에게도 너무나 중요하다고 여긴 나머지, 그들에게로 달려가서 그것을 함께 나누려고 합니다. 하지만 그런 유혹이 올 때면, 비밀의 원칙을 기억하도록 하십시오. 이웃들이 선의로 받아들일 수도 있지만, 신의 은혜를 그들로부터 앗아가는 셈이 될 수도 있다는 것을 기억해야 합니다. 열매를 맺어서 수확을 하기 전까지는 당신 안에 "진리"를 간직하십시오. 당신이 아는 "진리"를 주지 마시고, 열매를 주도록 하십시오. 열매는 용서이고 기도이며, 십일조입니다. 당신이 그것을 거저, 자유롭게 나눌 수 있다는 확신이 서기 전까지는, 당신 안에 비밀로 간직해야 합니다.

하는 일마다 진리를 실천하기

영적인 진리를 연구하고 실천하면서 살게 되면 일년 안에 삶의 트렌드가 바뀔 수 있습니다. 깨달은 달인들은 우리를 한 번, 두 번, 세 번, 심지어는 열 번도 우리를 치유해 줄 수 있고, 우리에게 영적으로나 물질적으로 먹여줄 수 있습니다. 하지만 우리 스스로 "진리"를 구현하고 "진리"를 살 수 있도록 의식이 충분히 상승하지 않으면, 우리는 죄와 질병, 결핍과 한계, 나아가 죽음으로부터 자유로워질 수 있는 기회를 상실하게 됩니다.

이러한 자유는 수고하고 애쓰지 않으면 획득할 수 없습니다. "진리"를 듣거나 읽는 것만으로는 충분치 않습니다. 성경이 우리에게 말한 대로, 우리는 "말씀"의 "실천자"가 되어야 합니다. 영적인 "진리"를 연구하고, 연습하고, 살아야 합니다. 왜냐하면 "진리"는 우리의 의식의 활동이 되는 정도에 비례해서만 우리의 경험을 통해서 조화로서 나타나기 때문입니다. 가끔씩 생각을 하고, 명상을 하고 치유를 행하는 것으로는 안 됩니다. 습관이 되어서 날마다 우리의 의식의 활성화된 부분이 되어야 합니다.

"인피니트 웨이"는 날이면 날마다 실천하는 길입니다. 아침에 깨어나면서부터, 하나님을 그날의 행위자로서, 알맹이를 채워주는 존재로서, 그날 일어나게 될 모든 것의 법칙으로서, 알아차리십시오 당신이 그날 만나게 될 하나의 힘, 하나의 현존으로서, 하나님을 알아차리십시오.

하나님에 대한 이러한 앎과 인식은, 성경이 다음과 같이 우리에게 말하는 것을 성취하게 해줍니다.

한결같은 마음으로 당신께 몸을 맡기는 사람들, 당신께서는 완벽한 평화로 그들을 지켜주십니다(이사야 26:3).

온 마음으로 주님을 믿고 주님께 맡기고, 그대 자신의 알음알이를 내지 말아라(잠언 3:5).

무슨 일을 하든지 주님을 인식하고, 알아차려라. 그러면 주께서 그대의 앞길을 열어주시리라(잠언 3:6).

그대들은 내 앞에서 다른 신을 모시지 말아라(출애굽기 20:3).

그러므로 진리의 실천은 모든 행위, 우리네 삶의 모든 조건과 환경에 적용됩니다. 진리에 관한 책을 읽고, 진리에 관한 공부를 하고 강의를 듣는 일, 진리에 관한 말씀을 듣는 일은 멋진 활동인 것이 분명하지만, 진리가 깨어 있는 의식 속에서 활동하지 않는 한, 우리는 열매를 계속적으로 생산해 낼 수가 없습니다.

우리는 깨어 있는 의식 안에서 생각하는 삶을 우리네 삶의 중심 주제로 삼아야 합니다. 일터로 나갈 때에는, 모든 일을 하나님이 하시고, 하나님이 곧 우리가 공급받는 모든 것의 원천이심을 자각해야 합니다. 우리의 삶을 지배하는 비즈니스의 법칙, 건강의 법칙, 존재의 법칙, 인간관계의 법칙을 자각해야 합니다. 하나님은 우리의 선의 길이자 실제적인 원천임을 알아야 합니다. 이것은 아브라함, 이삭, 야곱 이전의 오랜 옛날부터 세대에서 세대로 내려온 법칙이었습니다. 하지만 그것은 실천하는 사람들에게만 유용합니다. "진리를 알아라, 그러면 진리가 너희를 자유케 하리라." 하지만 그것은 당신의 의식적인 자각의 부분이 되어서, 일상적인 삶에서 늘 깨어 있는 부분이 되어야 합니다. 그것에 대해 일부러 생각할 필요도 없이, 자동적으로 잠겨 있어야 합니다. 그래서 삶의 다른 부분들이 거기에 뒤따라야 합니다. 저의 책 『사랑과 감사의 나날들』(Love and Gratitude)에는 그러한 발견의 일부가 담겨 있습니다.

모든 형태의 한계로부터의 자유

진리를 알고 그것을 실천하는 일은 힘든 일입니다. 저는 그것을 알아차렸습니다. 예수께서는 말씀하셨습니다.

"좁은 문으로 들어가거라. 멸망으로 이끄는 문은 넓고, 그 길이 넓찍하여서, 그리로 들어가는 사람이 많다. 생명으로 이끄는 문은 너무나도 좁고, 그 길이 비좁아서, 그것을 찾는 사람이 적다"(마태복음 7:13-14).

예수님의 말씀을 듣기 위해 산 위에 모였을 때에는, 빵과 물고기가 불어나서 수많은 이들이 먹은 것을 목격했습니다만, 그들 가운데 과연 몇 사람이나 똑같은 일을 할 수 있게 되었는지는 알 수가 없습니다. 그들 스스로 그런 일을 행하기보다는 주께서 먹여주시는 것을 받아먹는 것이 훨씬 쉬운 일이었겠지요. 치유 또한 마찬가지입니다. 스승님이 해주시도록 맡기는 것이 훨씬 쉬운 일입니다. 결국, 스승님은 군중들을 먹이고 병자를 치유하는 일을 그만두는 것이 필요하다고 느끼셨던 것 같습니다. 그분은 배를 불리고 건강한 몸을 갖게 하는 것으로는 어느 누구도 하늘나라에 이르게 할 수 없다는 것을 아셨습니다. 그래서 마침내 말씀하셨습니다. "내가 떠나지 않으면, 위로자가 너희에게 올 수 없을 것이다." 그렇습니다. 군중들은 그분의 발아래에 앉아 말씀을 들었을 뿐, 밖으로 나가서 실천하려고 하지는 않았습니다. 예수께서 가르치고 설교하신 군중들 중, 그분이 부활하신 이후 이 땅을 거니셨을 때에 그분을 알아볼 만큼 진리를 충분히 터득한 사람은 고작 오백 명 가량뿐이었습니다!

영적인 길을 걸어온 사람들은 그리스도 안에서 자유를 얻기가 얼마나 힘든 일인지를 말하곤 합니다. 물질적인 한계로부터의 자유, 물질의 법칙으로부터의 자유, 윤리적 한계로부터의 자유, 인간 존재 안에 울타리를 치고 있는 모든 형태의 한계로부터의 자유. 그들은 또한, 그것들을 얻기도 어렵지만 유지하기는 더욱더 어려운 일이라고도 말합니다. 왜냐하면 세상에 대한 중독과 최면이 너무나 강렬하여 유혹에 굴복하기가 너무나 쉽기 때문입니다. 영적인 순결성을 유지하기 위해서는 우리가 가진 자각을 남김없이 발휘하여 깨어 있지 않으면 안 됩니다. 그렇지 않으면 우리는 저마다 다른 모양새로 타락하게 될 것입니다.

당신은 물을지도 모릅니다. "그것은 그렇게 힘든 일이지만, 노력할 만한 가치가 있지 않을까요?" 넉넉하지 않은 지갑이나 건강하지 못한 몸, 거짓된 욕망이나 탐욕의 노예로부터 치유를 경험한 적이 있는 사람이라면, 누구든지 투쟁할 만한 가치가 있는 일이었다고 말할 것입니다. 우리에게 더 나은 건강, 더 많은 조화, 더 많은 공급을 가져올 수 있는 것, 우리의 가족이나 친구들, 환자들이나 학생들에게 이런 자유를 가져다주게 해줄 수 있는 것이라면 무엇이든지, 그것을 위해서 고투할 만한 가치가 있는 것입니다.

음악을 공부하고 연습하는 것은 음악적인 의식을 발전시킵니다. 미술을 공부하는 것은 미술적인 의식을 발전시킵니다. 마찬가지로, 진리를 읽고, 공부하고, 연습하는 것은, 진리에 대한 의식, 곧 진리에 대한 당신의 영적인 자각을 발전시킵니다. 당신이 어느 정도 영적인 의식을 획득하게 되면, 당신은 더 이상 공부하거나 치료하는 일에 많은 것을 행해야 할 필요가 없습니다. 영적인 의식 안에서 살고 움직임으로써 세상에 대한 최면을 넘어서서 더 높은 수준의 의식을 유지하는 문제에 주로 치중하게 될 것입니다.

이 지구상에서 살아가는 사람이라면 누구든지 영적인 의식의 발전에 열려 있습니다. 당신이 어느 정도로 성취하느냐는, 당신이 얼마나 많은 시간과 노력을 투자하느냐에 전적으로 달려 있습니다. 투자한 이상으로 얻어낼 수는 없습니다. 교사로부터, 책으로부터, 녹음 테이프로부터, 강좌로부터, 당신이 진리를 공부하면 할수록, 당신의 발전은 더욱 빨라지고 더욱 풍부해집니다. 이렇게 공부하고 연습하는 모든 것이 영적인 의식의 발전에 기여하게 된다는 것을 기억하십시오.

그런 공부를 처음으로 접한 사람이 이런 원리들을 당장 흡수하고 받아들이기란 불가능합니다. 그러므로 거듭해서 듣고 읽어서, 그것들을 당신의 내면에 담아놓고, 은밀하게 간직하면서, 그것들에 대해 숙고하고, 명상하고, 연습하십시오. 그것들이 나름대로 열매를 맺게 될 때까지. 그때가 되면 당신은 이런 배움들에 대해 진심으로 감사하게 될 것입니다.

8

치유의 세 가지 원리

이 우주에는 오직 "하나의 힘"밖에 존재하지 않습니다. 작동하는 유일한
"힘"은, 태양을 뜨고 지게 하는 것과 동일한 힘이고, 밀물과 썰물을 제 시간
에 들고 나게 하는 것과 동일한 힘입니다.

 "인피니트 웨이"에는 우리의 일상
생활의 문제에 직면할 때마다 적용할 수 있는 세 가지 특별한
원리가 있습니다. 그것들은 "인피니트 웨이"의 치유의 원리들이기
도 합니다.

　"인피니트 웨이"의 메시지에 있어서 가장 중요한 원칙은,
어떤 목적으로든 하나님을 이용하지 말아야 한다는 것입니다.
우리는 죄나 질병, 심지어는 죽음을 극복하기 위해서조차 하나님
이나 진리를 이용해서는 안 됩니다. "인피니트 웨이"에서 우리는
하나님의 도구가 되기를 추구합니다. 우리는 하나님에 의해서,
진리에 의해서 쓰임받기 위해 우리 자신을 열어놓아야 합니다.
다시 말하자면, 우리는 하나님이 자기 자신을 우리의 개인적인

존재로서 자기 자신을 나타낼 수 있도록, 자신의 생명을 우리로서 살 수 있도록, 우리를 이끌고, 지시하고, 통제하고, 유지하고, 돕고, 공급하도록 도구가 되어야 합니다.

하나님은 치유하기 위해 우리를 쓰신다

고요와 침묵 속에서 우리가 몸과 마음으로 하나님의 도구가 될 때, 무한한 사랑, 무한한 지혜, 무한한 생명이 될 때, "그것"은 우리로서 자기 자신을 나타내어, 우리를 통해 자신의 기능을 수행합니다. 하나님이나 진리는 우리를 사용하여 자기 자신을 우리로서 나타냅니다. 우리가 치유사를 선택하면 치유로, 우리가 발명가를 선택하면 발명으로, 우리가 작곡가를 선택하면 음악으로 기능을 합니다. 하나님은 모든 것을 다 아시므로(무한한 지혜), 바깥으로 나타난 모든 것은 하나님에 속합니다. 기계의 설계든, 과학적인 발견이든, 문학 작품이든, 예술 작품이든, 모두가 하나님의 표현물입니다. 어떤 형태를 취하든, 하나님에게서 나온 것일 수밖에 없습니다. 그분은 무한한 지혜이고, 우리는 단지 무한한 지혜가 나타나는 통로이고 도구에 지나지 않기 때문입니다.

그러므로 우리의 삶의 방식은 진리나 하나님을 어떻게 이용할 것인지, 그 방법을 배우는 데에 있어서는 안 되고, 진리가 우리를 사용할 수 있도록 하나님의 충동을 어떻게 수용하고 반응할 것인지에 있어야 합니다. 하나님의 생명은 우리의 삶으로서 우리를 통하여 흐르고, 하나님의 지혜는 우리의 지혜로서 우리를 통하여 흐릅니다. 하지만 그것은 우리의 것이 아니라, 하나님의 것입니다.

하나님은 유일한 힘

상처와 갈등, 부조화, 질병 등을 경험하게 되는 것은, 하나님만이 유일한 힘이라는 바탕 진리에 대한 우리의 무지 때문입니다. 전 세계가 그런 무지에 싸여 살아가고 있습니다. 그 무지는 우리가 잉태되는 순간부터 우리를 지배하여 우리가 태어나자마자 우리를 컨트롤하기 시작합니다. 우리는 영적인 진리에 대한 무지의 세계 속에서, 선과 악이라는 두 힘의 대결구조에 대한 믿음을 받아들여 왔습니다. 우리는 그 의미를 제대로 알지 못한 채 악을 끔찍이도 두려워합니다. 타락을 두려워하고, 낯선 자들을 만나기를 두려워하고, 자동차를 두려워하고, 존재하는 모든 것을 두려워합니다. 그리하여 결국에는 교회로 보내져서 하나님을 두려워하라는 가르침을 받기까지 합니다!

"인피니트 웨이"에 들어선 사람이 처음으로 배우는 것은, 하나님의 본성은 무한하기 때문에, 부조화의 본성이나 물질의 본성, 한계적인 본성을 가지는 것들은 사실 전혀 힘을 가지고 있지 않다는 것입니다. 우리는 "칼을 빼들고 악에 저항하지 말아야"

합니다. "빌라도"가 어떤 모습을 하고 나타나든, 당당하게 말할 수 있어야 합니다. "그래, 대단히 무서워 보이는군, 내가 당신에 대해 듣기로는, 당신은 대단히 두려워할 만한 존재라더군. 하지만 당신의 힘이 아버지에 의해서 주어진 것이 아닌 한, 당신은 나에게 아무런 힘도 쓸 수가 없어."

신체를 제대로 쓰지 못하는 사람을 향해 "너를 가로막는 것이 무엇이냐? 너의 침상을 들고 일어나 걸어라."라든가, "나사로 는 죽지 않았다. 잠들어 있을 뿐이다. 나사로야, 나오너라."라든가, 소경을 향해 "너의 두 눈을 뜨고 보아라."라고 말할 수 있을 정도의 의식 상태가 되기란, 물론 어려운 일입니다. 하지만 그렇게 말할 수 있어야 하는 것은, 그것을 가로막는 힘은 실제로 없기 때문입니 다. 의식 안에서 작용하는 힘은 오직 하나일 뿐이고, 그 힘은 하나님이십니다.

우리는 그러한 의식 상태에 이르도록 변화되어야 합니다. 왜냐하면 우리가 우리 안에서 살아나기 시작하여 내적 확신에 이르기 전에는, 그것을 증명하여 보여줄 수가 없기 때문입니다. 그러한 변화는 연습을 통해서 옵니다. 물론 우리는 어느 정도는 치유의 현상을 보여줄 수는 있습니다.

그것이 기본적인 치유의 원리이지만 학생들에게는 대단히 어렵게 느껴집니다. 특히 정신세계를 공부하는 사람들에게는 그렇 습니다. 왜냐하면 그들은 실수를 극복하기 위해 진리를 사용하는 법을 가르침 받아 왔기 때문입니다. 그래서 진리는 무한하고, 진리는 하나님 자신이며, 당신이 진리를 사용할 수는 없다는 개념에 익숙해져야 합니다. 누구도 하나님을 이용할 수 없습니다. 누구도 하나님에게 영향을 끼칠 수 없습니다. 누구도 하나님에게 이래라 저래라 명할 수 없습니다. 그런데도 우리는 무의식적으로 하나님을 마치 하인처럼 생각해 왔습니다. 하나님에게 우리의 필요를 말하고, 하나님이 그러한 필요를 충족시켜 주기를 기대해 왔습니다. 우리가 원하는 것을 하나님에게 말하고, 하나님이 그것을 해내 주기를 기대했습니다. 하나님의 자비를 구하고, 심지어는 마치 하나님이 자신의 하인이나 된다는 듯이 명령을 하기까지 했습니다. 예수께서는 스스로 자신은 마스터가 아니라 하나님의 종이라고 인정하셨지요.

개인의 악은 존재하지 않는다

치유를 하는 데 있어서 우리가 바탕으로 삼는 또 하나의 원리가 있습니다. 다시 한 번 말씀드리지만, 정신세계를 공부해 온 여러분은 과거의 믿음들을 버리고 이러한 원리를 이해하고 입증하기 위해 부단히 애쓰지 않으면 안 됩니다. 원리는 이것입니다. 개인의 악 같은 것은 존재하지 않는다는 것입니다. 당신이 경험하는 어떠한 죄나 질병이나 결핍에 대한 책임은 당신 개인에게 있는 것이 아닙니다. 당신의 잘못된 사고방식이 그런 믿음을 만드는 것뿐입니다. 당신의 시기나 질투나 악의가 그것을 만들어낸 것이 아닙니다. 당신의 탐욕이나 욕망, 거친 야망이 그것을 만들어 낸 것이 아닙니다. 당신 안에서는 그것을 만들어낸 잘못을 찾아낼 수 없습니다. 당신은 당신을 통해, 당신의 경험 안에서 자신들을 표현하는 악들에 대한 책임이 없습니다. 당신에게 책임이 없다고 하는 말은, 받아들이기가 쉽습니다. 하지만 당신의 아내나 남편, 혹은 어느 누구도 그 악들의 어느 것에도 책임이 없다고 말할 때에는, 받아들이기가 어렵게 됩니다!

당신이라는 존재의 진실, 그것은 당신이 하나님의 자녀라는 것입니다. 하나님은 자기 자신의 생명을 당신의 개인적인 존재로서 나타냅니다. 하나님은 이 지상 위에 당신처럼 개인으로서 자기 자신을 표현합니다. 하나님인 생명은 당신의 개인적인 생명이며, 따라서 그것은 영원하고 불멸합니다. 당신의 마음은 그리스도 예수 안에도 있는 마음이며, 그것은 무한히 현명하고, 무한히 순수 합니다. 당신의 혼은 아무런 결점이 없습니다. 당신이 변화시킬 수 있는 것은 아무것도 없습니다. 왜냐하면 하나님이 당신의 혼이 고, 당신의 존재이기 때문입니다. 한 걸음 더 나아가자면, 당신의 몸은 살아 있는 하나님의 성전입니다. 이것이 당신에 관한 진실이 며, 당신의 생명, 당신의 마음, 당신의 혼, 당신의 몸, 당신의 존재에 관한 진실입니다. 그러면 우리는 도대체 왜 삶에서 부조화를 경험하 는 것일까요?

오랜 옛날 악마, 혹은 사탄이라는 존재가 창조되었습니다. 나중에, 바울은 그것을 "육신에 속한 마음"(the carnal mind)이라고 불렀지요, 나중에 그것은 형이상학적인 언어로 "죽어질 마음"(mortal mind)이라고 불리게 됩니다. 무어라고 부르든 아무런 차이가 없습니다. 무어라고 불러도 괜찮습니다. 악마, 혹은 사탄은 존재합니다. 세속적인 마음이나 죽어질 마음은 존재합니다. 그것이 모든 악의 근원입니다. 그러므로 도둑질하는 사람을 볼 때는 그를 악하다고 하지 마십시오. 왜냐하면 그는 단지 육신에 속한 마음이 작동하는 도구가 되고 있는 것뿐이기 때문입니다. 당신이 개인들 안에서 죄, 질병, 결핍, 무지 등 무엇을 목격하든, 그들을 비난하지 마십시오. 그들은 단지 육신에 속하는 마음이 기능하도록 도구가 되고 있는 것뿐입니다.

예수께서 십자가에 달리셨을 때, 어떤 사람들은 히브리인들 탓이라고 비난했습니다. 로마인들 탓이라고 비난하는 사람들도 있었습니다. 하지만 그들에게 책임이 있는 것이 아닙니다! 비난받아야 할 대상은 육신에 속하는 마음입니다. 그것이 안티그리스도요, 하나님의 모든 것에 대항하는 마음입니다. 육신에 속하는 마음은 당신이 그것을 힘으로 인정하기만 하면 당신을 파괴하기 시작합니다.

또 다른 실수는 악마나 사탄을 하나님의 대적자로서 생각하고, 이러한 악마나 사탄을 제거하는 것이 하나님의 기능이라고 여기는 것입니다. 세대에서 세대로 내려오면서, 종교는 악마를 극복하기 위해 온갖 노력을 다했습니다. 하지만 악마는 아무런 힘도 없습니다! 악마는 우리가 거기에 대해서 만들지 않는 한, 아무것도 아닙니다.

정신세계를 탐구하는 사람들은 똑같은 잘못을 저질렀습니다. 그들은 당신에게 악마나 사탄은 존재하지 않으며, 그것은 단지 죽어질 마음이라고 말하곤 합니다. 그들은 죽어질 마음으로부터 자신을 보호하기 위해 많은 방법들을 창안합니다. 그것을 극복하기 위해 온갖 인용문들을 나열하고 확언을 사용하기도 합니다.

우리는 모든 악이 인격을 갖지 않는다는 것을 알아차려야 합니다. 그것은 개인과는 관계가 없는 곳에서 온 것으로, 근원은 선과 악에 대한 믿음입니다. 그것이 전부입니다. 그것이 죽어질 마음이라 불리는 것의 정체입니다. 죽어질 마음이나 육신에 속하는 마음 같은 것은 없습니다. 하나의 존재로서의 악마나 사탄은 존재하지 않습니다. 두 가지 힘이 존재한다는 보편적인 마음이 있을 뿐입니다. 그리고 그러한 믿음 자체가 지구상에 존재해 온 모든 부조화와 갈등의 원인입니다.

악에 저항하지 말라

소위 "죽어질 마음"이나 죽어질 마음이 개인으로 나타나는 형상이나 표현들의 어떤 것과 싸움으로써, 당신은 당신 자신보다 더 큰 적을 창조하게 됩니다. 당신이 싸움에 에너지를 쏟아 붓는 그만큼 당신은 결국 잃게 됩니다. 왜냐하면 부정한 것을 지켜보기에는 너무나 순수한 존재이신 하나님은 거기에 대해서 지식을 가지고 계시지 않고, 그러므로 그분은 그것과 관련해서는 당신을 도울 수가 없습니다!

고대의 히브리인들은 기도했습니다. "하나님, 저의 적들을 제발 물리쳐 주소서. 그들을 멸망시켜 주소서. 제발 나가셔서 이 끔찍한 사람들을 몰살시켜 주소서!" 이것이 어떻게 크리스천의 기도라 할 수 있겠습니까! 예수께서는 그런 기도를 하라고 가르치시지 않았습니다! 하지만 우리는 그런 기도를 하는 데에 열심을 부리고, 심지어 하나님이 이 죽어질 마음, 이 죄와 이 질병을 이기게 해주실 것이라고 기대합니다.

죽어질 마음을 극복하는 것은 당신의 내면에서 당신이 진리를 알아차림으로써 일어나는 것이 당연한 것입니다. 진리는 말합니다. "나는 너를 떠나지 않을 것이고, 버리지 않을 것이다. 네가 설령 물 위를 걷더라도 너는 물에 빠지지 않을 것이다. 불 속을 뚫고 가더라도, 너는 불에 타지 않을 것이다." 왜 그럴까요? 그것들은 아무런 힘이 없기 때문입니다. 당신이 이것을 깨달을 때, 예수 그리스도의 메시지와 사명을 깨달을 때, 당신은 그분이 간음한 여인을, 십자가에 달린 강도를, 자신을 배반한 유다를 어떻게 용서

하실 수 있었는지를 이해하게 될 것입니다. 그분은 이런 것들이 아무런 힘도 가지지 못했음을 하나님의 계시를 통해서 알았습니다.

죄와 질병과 세상의 공포들을 보면서 그것들이 아무런 힘도 가지지 못한다는 것을 실제로 믿는 일이 얼마나 어려운지, 저는 잘 알고 있습니다. 하지만 이러한 영적인 원칙들이 당신 자신의 존재 안에서 살아 있는 힘이 될 때까지 이를 받아들이고 연습할 수 있다면, 당신은 당신 자신의 첫 번째 치유를 경험하게 될 것이고, 그때 당신은 이 원리들이 실제로 작용한다는 것을 알게 될 것입니다. 다시 말하자면, 당신이 하나님께 무엇인가를 해 달라고 호소하지 않고, 또한 진리가 잘못을 제거해 주기를 기대하는 일이 없이, 하나님이 유일한 힘이라는 것을 깨달아야 합니다. 하나님에 의해서 주어진 힘이 아니라면 당신 자신에게 어떠한 힘도 발휘할 수 없다는 것을 알아차려야 합니다. 그럼으로써, 당신 자신이나 다른 사람을 치유하는 데 있어서 당신이 도구가 되는 일을 처음으로 경험하게 될 때, 당신은 더 큰일을 할 수 있을 때까지 나아가고 또 나아가겠다는 확신을 갖게 될 것입니다.

겉모양으로 판단하지 말라

우리는 옳고 그름에 대한 나름대로의 기준에 맞지 않은 것을 경험하게 되면, 사람이나 시간, 장소 등등의 어떤 것을 판단하고 비판하고 정죄하곤 합니다. 그것이 인간적인 일입니다. 하지만 우리는 이런 태도를 송두리째 바꾸지 않으면 안 됩니다. 어떤 사람을 판단하고, 비판하고, 정죄함으로써 죄를 짓지 말아야 합니다. 잘못된 것이 어떤 식으로 나타나든 그것은 오직 "육신에 속한 마음"일 뿐이고, 그것은 아무런 힘도 가지고 있지 않으며, 겉모양이야 어떠하든, 영적인 방법으로 도움을 구하는 자는 누구든지 그것을 받게 된다는 것을 언제나 알아차려야 합니다. "겉모양을 보고 판단하지 말라."는 이 원칙은 당신이 만나는 모든 사람에게 적용되어야 합니다. 그들이 영적인 도움을 구하든 말든, 예외 없이 적용되어야 합니다.

치유는 진리의 표현이다

치유가 어떤 형태를 띠든, 불편한 몸의 치유이든, 부족한 공급에 대한 치유이든, 혹은 불편한 사람살이에 대한 치유이든, 그것은 영적인 메시지의 진리에 대한 가시적인 표현입니다. 그것이 바로 내가 치유를 나의 주된 활동으로 삼아온 이유입니다. 내가 치유 활동을 하는 것은, 병든 사람들을 건강하게 하는 것이 중요해서가 아니라, 우리가 아픔을 제거할 수 있고, 하나님 안에서 우리의 영적인 건강을 찾을 수 있다는 것을 통해서, 원리를 드러내는 일이 중요하기 때문입니다.

치유는 진리를 지적으로 안다고 해서 이루어지지 않습니다. 그것은 당신이 읽고, 배우고, 아는 치유의 지식으로는 되지 않습니다. 치유에 대한 놀라운 책들이 많습니다만, 그것들을 완전히 공부한 사람들도 대부분은, 자신들이나 다른 사람들을 실제로는 치유하지 못합니다. 치유는 지식으로 되는 것이 아니라, 당신이 성취한 진리에 대한 의식에 의해서 이루어집니다.

감옥에 갇힌 세례 요한이 사람들을 보내어 예수께 질문을 했습니다. "우리가 그토록 기다려 온 분이 바로 선생님이십니까?" 예수께서는 이렇게 대답하셨습니다. "요한에게 돌아가, 내가 한 일을 당신들이 본 그대로 알리시오. 맹인이 보게 되고, 앉은뱅이가 걸으며, 나병 환자가 깨끗해지고, 귀머거리가 듣게 되고, 죽은 사람이 살아나고, 가난한 사람이 기쁜 소식을 듣게 된다고 말이오" (마태복음 11:2-6 참조). 예수께서는 자신이 행한 치유의 일들에 비례하여 판단되는 것이 마땅하다고 말씀하신 것입니다. 당신이 치유를 믿음 속에서 행한다면, 우리도 말할 수 있게 될 것입니다. "당신이 치유를 그렇게 행한 그만큼, 당신은 진리가 살아 있음을 보여주고 있는 것이오."

치유의 2단계

우리의 치유 실습에는 두 단계가 있는데, 첫 번째는 무인화

(impersonalizing) 과정이고, 두 번째는 무화(nothingizing) 과정입니다. 이전 단계가 있다고도 말하는데, 그것은 오직 "하나의 힘"만이 존재한다고 깨닫고, 부정적인 힘이나 믿음, 주의 주장들을 극복하기 위해 애쓰지 않는 것입니다. 대신, 일상생활 속에서 오직 하나의 힘만이 존재한다는 것을 몸으로 마음으로 혼으로 살아내야 합니다. 치유나 처치에 특별하게 쓰여지는 두 단계는 무인화 과정과 무화 과정입니다.

무인화(無人化) 과정

치유 사역에 있어서 당신이 첫 번째로 수행해야 할 기능은 무인화 과정입니다. 존 브라운이라는 사람이 도움을 요청한 순간, 당신은 마음속으로 그를 완전히 지워버려야 합니다. 한 순간도 존 브라운이라는 사람에 대해 곰씹지 않도록 주의해야 합니다. 무엇보다도, 존 브라운이 악하다는 식으로는 절대 믿지 말아야 합니다. 그런 생각이 나더라도 즉각 떨쳐 버리십시오. 어떤 사람이 고쳐져야 하는 것도 아니고, 어떤 사람의 상황이나 조건이 고쳐져야 하는 것도 아닙니다. 그것은 어느 누구에게도 속하지 않습니다. 그것은 우리가 육신에 속하는 마음이나 죽어질 마음이라고 부르는 것에 부과된 것입니다. 한 개인과는 아무런 상관이 없습니다. 어떤 사람 안에서 작용한 것도 아니고, 어떤 사람을 통하여 작용한 것도 아닙니다. 거기에는 사람이 없습니다. 그 사람과는 연관

짓지 말아야 합니다.

당신의 마음속에서 한 개인이라는 생각이 완전하게 없다고 확신할 수 있을 정도로 당신이 무인화 시킬 때, 두 번째 단계를 거쳐야 하는데, 그것은 바로 무화(無化) 과정입니다.

무화(無化) 과정

창세기를 보면, 하나님은 만물을 창조하시고, 하나님이 보시기에 좋았다고 되어 있습니다. 하나님이 만물을 창조하시고 모든 것이 보시기에 좋았다고 되어 있을 뿐, 그 후에 "육신에 속하는 마음"이나 "죽어질 마음", 사탄이나 악마를 창조하셨다고 되어 있지는 않습니다. 그런 것들은 단지 인간의 마음이 만들어낸 관념일 뿐입니다. 좋은 것이 아닌 것을 하나님은 만들지 않았습니다. 그리고 하나님이 창조하시지 않은 것은 존재하지 않습니다.

인간의 관념이 얼마나 허망한 것인지를 알고 싶다면, 눈을 감고 강력한 원자폭탄을 떠올려 보십시오. 가능한 한 가장 강력한 원자폭탄을 상상하고, 거기에 수소폭탄을 더합니다. 그런 다음 당신이 일찍이 들어본 적이 있는 갖가지 핵폭탄을 더하십시오. 이제는 그것을 일천 배로 증폭시키십시오. 그런 다음에는, 그것을 공중으로 던지시고, 어떤 일이 일어나는지를 보십시오! 아무 일도 일어나지 않습니다! 그것은 아무 힘이 없습니다. 당신이 상상으로

172

만들어낸 폭탄은, 단지 마음속의 관념일 뿐입니다. 그것은 내용물이 아무것도 없습니다. 법칙도 없고, 존재도 없습니다. 당신의 마음속에서만 존재하는 정신의 이미지일 뿐입니다.

악마라는 것도 사람이 마음으로 창조한 존재라는 것을, 하나님의 마음속에서가 아니라 인간의 마음속에서 만들어진 것임을 이해하기만 하면, 법칙도 없고, 본질도 없고, 행위도 없고, 근원도 없고, 채널도 없다는 것을 알아차리기만 하면, 당신은 그것을 아무것도 아닌 것으로 무화시키게 됩니다. 당신은 그것의 정체성을 알아차린 것입니다. 일시적인 힘밖에 없는, 허망한 것임을 알게 된 것입니다. 바로 그 지점에서 치유 사역이 시작됩니다.

당신이 대면하는 문제의 본성이나 그 문제를 앓고 있는 사람의 이름과는 아무 상관이 없이, 당신은 그것이 당신의 승인이나 거부를 기다리고 있는 악마의 유혹에 지나지 않다는 것을 확신할 수 있습니다. 그것은 선과 악에 대한 믿음 때문에 존재하는 인간의 관념에 지나지 않습니다. 당신이 더 이상 선과 악을 믿지 않게 되면, 당신은 인간의 마음이나 죽어질 허망한 마음을 더 이상 지니지 않게 됩니다. 선과 악에 대한 믿음이 존재하는 동안에만 한계가 있고, 부정성이 있는 것입니다.

잘못된 생각들

친구나 친척들, 의뢰인이나 환자를 만나 이야기를 나누다 보면, 우리는 비판이나 판단을 하는 인간적인 차원으로 돌아가기 쉽습니다. 그래서 "그것은 네가 잘못 생각한 거야. 마음을 고쳐 먹어야 해." 등등의 말을 하곤 합니다. 물론, 고쳐져야 할 점은 있습니다만, 고쳐져야 할 필요가 있는 유일한 것은 두 가지 힘에 대한 믿음입니다. 우리 모두의 내면에도 마찬가지로 고쳐져야 할 것이 있습니다. 하나님이 전지전능하고 어디에나 계신다는 믿음을 확고히 하지 못하고 있다는 점입니다. 분개심이 류머티즘을 야기하고, 시기나 질투가 암을 야기하고, 육욕에 탐닉하는 것이 결핵을 야기한다는 등의 이론은 얼마나 난센스인지요! 그것들은 모두 순전히 허튼 생각들입니다. 의료계 종사자들이나 정신세계의 달인들이나 모두가 다 입증할 수 없는 헛된 믿음들입니다. 그런 믿음을 가진 사람들은 분개심이나 화 같은 부정적인 감정들을 제거하면 치유될 것이라고 주장하지만, 그것들을 어떻게 제거하는지에 대해서는 알지 못합니다. 하지만 우리는 방법을 알고 있습니다. 그것들은 개개인에게는 속하지 않은 것들이고, 아무런 힘도 없으며, 자신들을 유지하기 위한 법칙도 없다는 것을 이해함으로써, 저절로 사라지게 되어 있습니다.

우리가 경험하는 부조화의 모든 양상들은 우리 자신을 보호하는 방법을 우리가 모른다는, 최면적인 영향에서 옵니다. 다시

174

말하자면, 당신이 전염병에 걸려 있을 때라도, 그 병에 대해 널리 퍼져 있는 최면술에 걸려 있지 않고서는 그 병으로 고통을 당할 필요가 없는 것입니다. 질병 자체로 죽어가는 사람들만큼이나 최면술의 영향으로 죽어가는 사람들도 많을 것입니다. 고층빌딩에 큰불이 일어날 때에도 마찬가지 현상이 벌어집니다. 화염에 휩싸여 질식되어 사망하는 것이 아니라, 공포심에 질려서 죽어가는 사람들이 의외로 많은 것입니다.

선과 악에 대한 믿음이 광범위하게 퍼져 있어서 전 세계의 모든 개인들에게 마치 최면과도 같이 작용하고 있습니다. 아침마다 교통사고의 위험이 예견되고 있지만, 누가 희생자가 될지는 알 수 없습니다. 당신이 될 수도 있고, 내가 될 수도 있습니다. 언제 어떤 사고가 일어날지 아무도 알 수 없습니다. 재수가 나쁘면 야자나무 열매가 떨어져서 머리를 다칠 수도 있고, 번개를 맞을 수도 있고, 교통사고가 일어날 수도 있습니다. 과연 저녁에 무사히 귀가할 수 있을지, 확신을 할 수가 없습니다. 통계적인 위험을 피할 수 있는 길이 과연 있을까요? 물론, 있습니다!

아침에 깨어날 때마다 다음과 같은 내용을 의식적으로 깨닫도록 하십시오.

이 우주에는 오직 "하나의 힘"밖에 존재하지 않는다. 그것
은 사고나 죽음, 죄, 질병을 일으키는 힘이 아니다. 작동하는

유일한 "힘"은, 태양을 뜨고 지게 하는 것과 동일한 힘이고, 밀물과 썰물을 제 시간에 들고 나게 하는 것과 동일한 힘이다. 그것은 대양에 물고기를, 공중에 새들을 있게 하는 "힘"이다. 그것은 이 우주에 작동하는 유일한 "힘"이다. 그것은 내 의식 안에서 작동하는 "힘"이다. 그것은 나의 경험에 작동하는 법칙이다. 통계가 제공하는 최면적인 제안 안에는 어떠한 힘도 없다. 전염과 감염에 대한 믿음 안에는 어떠한 힘도 없다. 죽어질 허망한 마음, 육신에 속하는 마음에는 아무런 힘이 없다. 개인이나 집단의 믿음에는 어떠한 형태이든, 아무런 힘이 없다.

그런 다음에는 일상적인 재난들이 당신의 경험 바깥에서 어떻게 맴도는지를 살펴보도록 하십시오. "네 왼쪽에서 천 명이 쓰러지고 네 오른쪽에서 만 명이 쓰러져도 너의 거주처는 조금도 다치지 아니하리라"(시편 91:7). 누구의 거주처인가요? 지존자가 머무는 각 개인의 은밀한 거처입니다. 집도 아니요, 자동차도 아니요, 지존자의 은밀한 거처에 거주하는 자입니다. 어떻게 그것을 할 수 있을까요? 의식적으로 행해져야 합니다.

의식의 주인 되기

당신의 삶 속에서 일어나는 모든 것은 당신의 의식의 표현이

176

거나 당신의 의식으로 하여금 자신을 나타내지 못하게 가로막고 싶어하는 마음의 표현입니다. 당신이 자신의 의식이 표현하고자 하는 것을 가로막게 되면, 당신은 세상에 퍼져 있는 선과 악에 대한 믿음을 빨아들이는 흡수지가 됩니다. 그러니 당신에게는 하나의 선택권이 주어져 있는 셈입니다. 흡수지가 되어서 모든 것을 빨아들여서 그것을 나타내느냐, 의식적으로 깨어 있는 사람이 되어 자기 자신의 혼의 주인이자 운명의 달인이 되느냐?

"진리"가 당신의 의식 안에 살아 있어야 합니다. 살아서 활동해야 합니다. 진리의 활성화는 당신이 어떤 종류의 치유를 행하느냐 하는 것과는 상관없이 이루어져야 합니다. 그것은 오직 "하나의 힘"이 있을 뿐이며, 유일한 하나님과 하나님의 활동이 힘이며, 악은 개인과는 아무런 상관이 없고 육신의 허무맹랑한 활동에 지나지 않는다는 원리를 중심으로 구축되어야 합니다. 모든 치유는 이러한 원리들을 기반으로 이루어져야 합니다. 인간의 요구가 어떤 것이든, 그것은 의식적으로 조종되어야 합니다. 모든 치유와 처치, 모든 깨달음은 다음의 두 가지 것들을 구현해야 합니다. (1) "하나의 힘"에 대한 깨달음. 악의 힘으로부터의 보호가 아니라, 하나님은 무한하고 오직 하나님의 힘이 있을 뿐이라는 절실한 앎. (2) 나타난 모든 모습은 최면의 영향하에 있으며, 악마의 유혹으로서, 깨어 있는 의식으로 거부되어야 하는 것이라는 확신.

우리는 전지전능하고 어디에나 존재하시는 하나님에 대한

깨달음과 하나님이야말로 모든 것이자 유일한 "힘"이라는 깨달음 안에서, 모든 악의 모습들을 개인과 관련시키지 않고, 악이란 단지 인간적인 생각에서 나온 허망한 것임을 철두철미 자각하지 않으면 안 됩니다. 그러지 않는 한, 우리의 경험에는 부조화와 갈등이 초래될 수밖에 없습니다.

이러한 원리를 터득하기까지 1 - 2년 동안은 힘이 듭니다. 왜냐하면 이러한 깨달음 안에서 의식적으로 깨어서 살지 못하고, 자주 잊어버리기 때문입니다. 다음과 같이 아주 간단한 것을 시도해 보세요. 음식을 씹어 먹기 이전에, 물이나 음료수를 마시기 이전에, 하나님이 그 근원임을 의식적으로 알아차리십시오. 하루가 끝나면 그렇게 하는 것을 몇 번이나 잊어버렸는지를 헤아려 보시고, 하나님을 의식하면서 살아가는 것이 얼마나 어려운 일인지를 실감하십시오. 하나님이 음식의 전부, 마실 것의 전부의 근원임을 의식적으로 알아차리는 지점에 이르면, 당신은 삶 속에서 마법처럼 놀라운 효과를 경험하게 됩니다.

당신이 보내는 나날의 아주 사소한 행위—아침에 깨어나는 것부터 저녁에 잠자리에 드는 것까지—가 모두 하나님의 활동 없이는, 보이지 않는 영의 활동이 없이는, 이루어질 수 없다는 것을 깨닫게 됩니다. 당신이 하는 모든 일들 속에서 "그분"을 알아차리기 시작함에 따라, 무슨 일이 일어나는지를 지켜보십시오. 자동차를 탈 때는, 하나님이 당신의 자동차뿐만 아니라 모든 자동차를 운전하고 계시다는 것을 의식적으로 기억하십시오. 오직 하나의 존재만이, 하나의 "큰 자아"(one Selfhood)만이 존재하기 때문에, 당신의 차만이 아니라 모든 차를 운전하시는 분은 한 분이십니다. 그것을 기억함에 따라 무슨 일이 벌어지는지 지켜보십시오. 이것을 당신이 의식적으로 기억하게 되면, 당신은 통계숫자에 대한 허망한 믿음에서 자유로워지게 됩니다.

1-2년 동안은 이런 일이 어렵게 느껴지겠지만, 결국 아름다운 일이 벌어지고야 맙니다. 당신은 더 이상 의식적으로 생각하지 않아도 되게 됩니다. 의식적인 노력을 거의 할 필요가 없게 되는 것입니다. 그러한 깨달음이 저절로 일어나게 되어, 당신 안에서 흐르게 됩니다.

9

치유사의 길

결핍이라든가 한계 따위는 의식 속에 들여놓지 마십시오. 왜냐하면 문제가
일어나는 차원에서는 해결책을 찾을 수가 없기 때문입니다.

 치유를 받거나 행하려면, "실
상"의 원리를 의식적으로 깨달아 알고 실생활에 적용할 수 있어야
합니다. 이렇게 하려면, 먼저 당신의 마음과 몸에 대한 주권을
확립해야 합니다.

몸과 마음에 대한 주권

우리는 우리 자신을 "나"라고 정의합니다. 한 사람의 "나",
철수가 있습니다. 한 사람의 "나", 영희가 있습니다. 한 사람의
"나", 정숙이가 있습니다. 당신의 이름이 무엇이든 "나"가 존재합니
다. 하지만 "나"는 당신의 몸도 아니요, 당신의 마음도 아닙니다.
당신의 몸과 마음은 당신이라는 존재의 그 "나"가 아닙니다. 그것들

은 단지 당신이 이 지상에서 당신의 기능을 수행하기 위한 도구에 지나지 않습니다.

당신의 마음은 "나"라는 존재가 생각하고, 사고하고, 알고, 결정을 내리고, 판단을 하는 도구입니다. 그것은 인식의 목적을 위해 쓰여집니다. 한편, 당신의 몸은 물리적인 도구로서, 당신의 마음을 통하여 당신(곧 "나")으로부터 내려진 명령을 수행합니다.

예를 들어봅시다. 내가 내 손을 들어 올리고자 할 때, "나", 조엘은 나의 마음을 통하여 나의 손에게 손을 들어 올리라고 명령을 내리고, 나의 손은 명령에 복종합니다. "나"가 나의 마음을 통치하고, 나의 마음은 나의 몸에게 지시를 내립니다. 그러니 "나"는 나의 마음과 나의 몸 둘 다의 주인입니다. 하지만 하나님에 의해서 처음부터 나에게 주어진 그 주권을 내가 행사하지 않는다면, 어떻게 될까요? 내가 나의 마음을 통제하려고 하지 않고 자기 멋대로 판단을 하게 한다면, 혹은 나의 몸이 제멋대로 통제하게 한다면, 나는 온갖 종류의 곤란에 직면하게 될 것입니다. 자신들의 주권을 받아들이고 행사하는 법을 배우지 못한 사람들과 마찬가지로.

당신의 몸과 마음은, 그것들에 대한 주권이 당신에게 주어진 것과 마찬가지로 당신에게 주어졌으며, 당신은 그 주권을 행사하는 법을 터득해야 합니다. 명상을 하려고 자리에 앉으면, 마음은 쉽사리 고요해지지 않기 일쑤입니다. 당신이 마음에 대한 주권이 없거나 한 것처럼 제멋대로 굴어 온 것에 익숙해져 왔기 때문입니다. 마음은 내가 좀처럼 길들이지 못한 나의 말들과도 같습니다. 내 말들은 내가 그들을 다루는 법을 알지 못하기 때문에 자기들 가고 싶은 대로 나를 끌고 갑니다. 순전히 제멋대로입니다.

우리가 마음에 대한 주권을 행사하는 법을 터득하지 않는 한, 마음은 자기들 멋대로 우리를 끌고 다닙니다. 어떤 점에서, 몸은 마음보다 더 복종할 준비를 갖추고 있다고 할 수 있습니다. 최소한 당신의 손은, 당신이 그렇게 명령을 내리지 않는 한, 도둑질을 하지는 않습니다. 당신이 지시를 내리면, 손들은 나눔을 실천하기도 합니다. 하지만 건강의 문제에 있어서, 몸은 마음과 마찬가지로 제멋대로 굴기 일쑤입니다. 몸은 우리가 아픈 상태이든 건강한 상태이든 우리를 위해서 결정을 행사하려고 합니다. 하지만 우리가 마음이나 윤리 도덕에 대해서 주권이 있는 것과 마찬가지로, 우리는 건강에 대해서도 주권을 가지고 있습니다. 우리가 주권이 없는 듯이 군다면, 그것은 우리가 그것을 당연하게 여기지 않았기 때문입니다.

명상을 통해 주권 확보하기

"인피니트 웨이"에서는 칼을 뽑아들지 말아야 한다고 가르치기 때문에, 우리는 몸과 마음에 대한 주권을 확보하는 데 있어서도 힘을 사용하지 않습니다. 대신, 우리는 지혜롭고 성숙된 부모가 아이를 훈련시키듯이, 부드럽고 사랑에 넘치는 방법으로 훈련합니다. 그것은 사랑과 평화, 인내와 온유함을 바탕으로 하는 훈련입니다. 우리는 다음과 같이 부드럽고 고요하게 우리의 마음에게 의사를 표명합니다. ("내가" 나의 마음에게 말하는 것입니다.)

마음을 편히 가져라! 고요하여라! 두려워하지 말아라! 그대 안에 계시는 하나님은 강하시다. 세상의 적들을 두려워하지 말아라. 그대 안에 계시는 하나님은 강하시다. 내가 하나님의 평화를 그대에게 주노라. 내가 하나님의 은혜를 그대에게 주노라. 마음을 편히 가져라! 고요한 확신 속에서 그대는 명상을 할 것이다. 고요한 기쁨 속에서 그대는 하나님의 은혜를 받아들이리라. 그대에게 평화를! 평화를! 내가 그대에게 "나의 평화"를 주노라.

그대는 싸울 필요가 없다. 그대는 무엇을 먹을지, 무엇을 마실지, 어떤 옷을 입을지 생각할 필요조차 없다. 하나님의 은혜가 그대를 옷 입혀 주리라. 하나님의 은혜가 그대를 먹여 주리라. 고요하여라!

고요하여라, 그리고 하나님과의 하나됨을 받아들여라. 고요하여라, 그리고 작고 미세한 소리에 귀를 기울여라!

그대는 생각으로 그대를 괴롭힐 필요가 없다. 마음을 편히 가져라! 고요하여라! 그대를 더럽히거나 거짓을 조장하는 것들은 어떠한 것도 그대의 마음에 들어오지 못하리라.

그대에게 대적하려고 하는 무기는 어떤 것도 허용되지 않으리라. 왜냐하면 그곳은 주님의 영이 계시는 곳이기에. 주님의 영이 계시는 곳에는 자유와 조화, 평화, 고요함, 확신이 자리하고 있기에. 하나님의 현존 가운데에는 기쁨이 충만하다. 생명이 충만하다. 온갖 좋은 것들로 충만하다.

여기 내가 있다, 하나님이 있다. 나는 죽어질 허망한 것들이 나에게 할 수 있는 것을 두려워할 필요가 없다. 그것들은 단지 인간적인 허망한 생각에서 나오는 것들일 뿐이다. 나는 주와, 전능하신 주와 함께 한다!

이런 식으로 명상을 함으로써 당신은 당신의 마음과 몸을 통제하게 되고, 당신의 정체성(당신의 "큰 나")이 당신의 몸과 마음으로부터 떨어져 있지 않다는 것을 깨닫고, 당신의 "큰 나"는 당신의 몸과 마음에 대한 지배권을 가진다는 것을 당연시하게 됩니다. 동시에, 당신은 이 모든 것이 당신 자신의 자질이나 덕목에 의해서 오는 것이 아니요, 하나님의 현존과 은혜의 덕에 의해서 온다는 것을 알아차리게 됩니다.

당신은 이제 머지않아 당신 자신의 문제이든, 당신에게 도움을 구하는 사람과 관련된 문제이든, 어떤 문제에 봉착하게 되면, 이러한 깨우침의 가치를 목도하게 될 것입니다. 왜냐하면 그때 당신은 치료법의 주제로 들어가게 될 것이기 때문입니다.

기도의 형태로서의 치유법

기도는 본질적으로 영적인 활동입니다. 기도는 하나님과 우리의 하나됨이요, 친교입니다. 가장 지고한 형태를 통해서, 기도는 우리에 대한 그분 자신의 나눔입니다. 하나님과의 친교, 우리를 향한 그분 자신의 나눔, 이 모두가 기도입니다. 말과 행동은 필요치 않습니다. 정신세계의 선구자들은 기도가 치유의 효과를 가진다는 것에 주목했습니다. 하늘을 향해서 마음을 모을 때, 우리는 자기 자신을 잊어버릴 수 있습니다. 그리고 자기 자신을 잊어버리는 상태에서는 저절로 치유가 됩니다. 하늘과 하나되는 상태야말로 인간으로서 가 닿을 수 있는 최상의 상태입니다.

영적인 조화는 말이나 생각에 의해서 달성되지 않습니다. 말과 생각은, 우리 자신을 말과 생각을 더 이상 필요로 하지 않는 기도의 분위기 속으로 우리 자신을 끌어올려 주는 데에 도움을 줄 뿐입니다. 분위기가 잡히면, 우리는 하나님과 내적으로 하나가 되는 친교 안에 있게 되고, 하나님의 은혜가 우리에게 와 닿게 됩니다.

서구 세계의 우리들은 말이나 생각이 없이는 기도라는 것을 떠올리기가 쉽지 않습니다. 말이나 생각을 통해서 우리는 흔히 탄원의 기도를 드리곤 합니다. 예를 들면, "하나님, 가뭄이 심합니다. 우리에게 비를 내려주소서!"라든가, "하나님, 내 아이를 살려주소서!"라고 기도하는 것입니다. 그런 형태의 기도에는 잘못된 것이 아무것도 없습니다. 그것은 잘잘못의 문제가 아니라, 의식 수준의 문제이지요. 우리가 인간적인 의식의 상태에 있는 한, 기도를 처음 시작하기 위해서는 말과 생각을 필요로 합니다. 하지만 말과 생각이 있는 한, 궁극의 기도 상태에는 이를 수가 없습니다.

"인피니트 웨이"를 배우는 사람들은 치유가 이루어지는, '말과 생각이 없는 궁극의 기도 상태'에 이를 수 있어야 합니다. 수행을 통하여 진실된 기도의 분위기 속으로, 신 의식의 상태로 상승될 수 있어야 합니다. "진리"에 깨어 있어서, 몸과 마음의 주권을 확립하여야 하고, 그에 따라 당신의 마음을 사용할 수 있어야 하는 것입니다.

공급 문제의 해결을 위하여

번영을 구가하는 시대에도 공급의 문제는 늘 있어 왔습니다. 그러니 우리는 이 문제를 다루려고 합니다. ("인피니트 웨이"가 아닌 다른 정신적 배경을 가지고 계시다면, 당신이 배운 것들은 다 잊어버리는 것이 오히려 낫습니다. 왜냐하면, "인피니트 웨이"의 치유법은 다른 어떠한 정신세계 운동에서 제시하는 방법과도 다르기 때문입니다. 다른 치유법에 만족하고 계시다면, 굳이 이 방법을 배울 필요는 없습니다. "인피니트 웨이"에서 제시하는 방법을 당신이 배운 것과 결합시키려고 하지 마십시오. 왜냐하면 당신은 성공하지 못할 것이고, 오히려 상황이 더 안 좋아질 수 있기 때문입니다.)

우리는 어떤 경우에도 다른 사람들에게 우리의 '처방'을 받아보라는 식으로 권하지 않습니다. 병을 치유해 달라는 등의 요청이 올 경우에도, 우리는 의뢰인의 이름은 아예 염두에 두지 않습니다. 사실, 의뢰인이 찾아와서 우리에게 자신의 이름을 밝히지 않으면, 우리는 거기에 대해 전혀 묻지 않습니다. 우리는 의뢰인의 이름이나 그의 정체에 대해서는 전혀 관심이 없습니다. 우리의 일이 성과가 있어서 그들에게 과실이 주어지게 되더라도, 우리의 일은 그들과 아무런 상관이 없습니다. 당신은 "과실을 얻는 사람들은 어떤 사람들이죠?"라고 물을지 모릅니다. 우리에게 혜택을 얻은 사람들은, 우리의 도움을 요청함으로써 자기 자신을 우리의 의식과 동조시켜서 우리의 의식의 일부가 된 사람들입니다

"그대의 믿음이 그대를 온전케 하였다" (마가복음 5:34).

"너희는 내가 이 일을 할 수 있다고 믿느냐?" 그들이 "예, 주님!" 하고 대답하였다. 예수께서 그들의 눈을 손으로 만지시면서 말씀하셨다. "너희가 믿는 대로 될 것이다" (마태복음 9:28-29).

당신을 온전히 맡길 수 있는 사람, 당신은 그분께 순종할 것이고, 그러면 그분으로부터 받게 될 것입니다. 의뢰인이 당신에게 "저에게 도움을 주세요."라고 말한다면, 당신은 그 의뢰인의 이름이나 정체를 알지 못하고, 그나 그녀가 어떻게 생겼는지를 모른다 할지라도, 필요한 접촉이 당신과의 사이에 이미 이루어진 것입니다.

인간성이 치유나 처치에 개입되어서는 안 됩니다. 그것을 명심해야 합니다. 왜냐하면 그것이 당신의 치유나 처치 행위의 성공을 방해하는 요인이 되기 때문입니다. 어떠한 상황에서도 사람의 개성을 생각해서는 안 됩니다. 요청의 내용이 어떤 것인지에 대해서도 생각하지 말아야 합니다. 결핍이라든가 한계 따위는 의식 속에 들여놓지 마십시오. 왜냐하면 문제가 일어나는 차원에서는 해결책을 찾을 수가 없기 때문입니다.

공급의 문제가 제기될 때, 당신이 할 수 있는 것은 오직 한 가지뿐입니다. 그 사람에게서, 그리고 그 문제로부터 방향전환을 하고, 즉각 의식적으로 "진리" 속으로 들어가십시오. 문제에 대해서 파고들 필요가 없습니다. 문제에 대해서 파고들어 보았자 나올 것이 없기 때문입니다. (다음에 인용되는 말이 반드시 필수적인 것은 아닙니다. 비슷한 내용의 성경 구절이나 다른 경구여도 괜찮습니다.) 당신이 가 닿아야 할 첫 번째 의식은, 공급에 관한 "진리"입니다.

이 지구는 주님의 것이요, 주님의 것으로 가득 차 있다. 하나님은 모든 존재를 충만하게 하신다. 하나님이 유일한 공급자이시다. 하나님은 어느 누구에게도 속하지 않는다. 지구는 누구에게도 속하지 않는다. 공급을 할 수 있는 이는 아무도 없다. 이 지구는 하나님의 발판이요, 모든 것이 거기에 속한다. 하나님은 이 우주의 주인이시다. 하나님의 현존이 이 우주에 가득 차 있다. 하나님은 유일한 생명이시요, 이 우주에 작용하는 유일한 법이시다.

이런 식으로 공급에 관한 "진리"를 바탕으로 살게 되면, 당신은 하나님만이 공급자라는 사실을 잊지 않게 해주는 점점 더 많은 문장들을 떠올리게 될 것입니다. "나는 빵이다, 나는 고기다, 나는 포도주다, 나는 물이다." 하나님은 어디에나 계시고 (모든 공간을 채우시고) 공급자이신데, 결핍이란 것이 어떻게 있을 수 있겠습니까? 공급의 부재는 말씀과 더불어 살지 않는, 말씀으로 하여금 자신들 안에서 살지 않게 하는 사람들에게 일어납니다. 지존자의 은밀한 곳에 거주하지 않는 사람들에게만이, 자기 자신들을 존재하는 유일한 공급자로부터 단절시키는 사람들에게만이, 결핍의 증상이 나타납니다. 하나님의 말씀으로부터, 빵으로부터, 고기로부터, 포도주로부터, 물로부터, 하나님의 현존에 대한 깨달음으로부터, 자기 자신들을 단절시키는 사람들만이 결핍을 경험합니다.

당신은 무엇이 공급을 이루어지게 하는지에 대한 진리를 앎으로써, 하나님의 충만하심과 하나님은 어디에나 계시다는 사실에 대한 진리를 의식적으로 알게 됨으로써, 치유 능력을 갖게 됩니다. 당신은 진리에 대해, 성경 구절들에 대해, 스스로 소화하고 나름대로 진술을 만들어서 사용하기 시작합니다. 당신의 치유 능력은, 결핍이나 한계 같은 문제의 수준에서 이루어지는 것이 아니라 영적인 "진리"의 차원에서 이루어집니다.

당신이 의뢰인과 그 문제들에 마음을 쓰지 않은 상태를 유지하면서 "진리"를 바탕으로 삼는 당신만의 치유 및 처치법에 몰두하게 되면, 당신은 결국 생각과 말과 성경구절들을 더 이상 사용하지 않게 될 것입니다. 말과 생각이 더 이상 필요하지 않는 기도의 수준으로 당신 자신을 끌어올리게 되는 것입니다.

초기 단계에서 우리는 여러 모로 가치가 있다고 여겨지곤 하는 인간적인 것들을 고려하지 않습니다. 바로 이 점에서 "인피니트 웨이"는 독특합니다. 하지만 그것은 우리의 치유 및 처치법의 두 번째 부분으로 가기 위한 디딤돌일 뿐입니다. 진리에 확고하게 뿌리를 내린 다음에는, 다음과 같이 말합니다. "아버지, 이제는 당신의 차례입니다. 주여, 말해 주소서, 당신의 종이 여기에 있습니다."

두 번째 단계는 기다림의 시간이고, 내면의 평화 속에서 듣는 시간입니다. 어느 순간, "클릭" 하고 문이 열리고, 그 문을 통하여 하나님이 지금 여기, 현장에 계시다는 앎이 저절로 옵니다. 이것은 정신적인 선언이 아닙니다. 영적인 깨달음입니다. 당신이 내적으로 이것을 경험할 때, 당신의 일은 완수되고, 무슨 일이든 해도 되는 상태에 이르게 됩니다.

고착화된 신앙을 갖고 있는 경우에는 문제를 풀기가 만만치 않습니다. 특히, 당신의 의뢰인이 하나님의 은혜라는 것을 세상적인 수준에서만 자기 멋대로 생각하는 경우에는 더욱 더 어렵습니다. 너무나 많은 이들이, 설교나 진리에 대한 강의를 열심히 듣고, 깨친 사람을 찾아가 상담을 받거나 바르게 살기만 하면, 하나님의 축복을 받을 것이라고 믿습니다.

물론 많은 이들이 놀라운 일을 경험하거나 치유를 받곤 합니다. 하지만 시간이 지나면, 그러한 치유나 처치가 더 이상 작동하지 않는다는 것을 발견합니다. 이것은 그들이 접촉한 깨친 분들의 의식 상태로 인해 혜택을 입은 것일 수 있습니다. 그 당시에는 효험이 있을 수 있지만, 결국엔 자기 자신들을 하나님께 양도하지 않으면 약효가 떨어지고 마는 것입니다. 다시 말하자면, 깨친 분들의 헌신적인 삶을 통하여 의뢰인이나 환자가 여러 가지 시험과 시련, 죄와 질병, 결핍과 한계로부터 자유로워질 수 있긴 합니다. 그들이 근본적으로는 변하지 않았는데도 하늘이 그 의뢰인을 내치지 않고 낡은 방식으로 도와주는 것은, 그나 그녀가 결국엔 그 처치들이 듣지 않는다는 것을 알아차리고 돌아서게 될 것이기 때문입니다! 예수께서는 "나는 그대를 정죄하지 않겠다. 가라, 더 이상 죄짓지 말라."고 말씀하심으로써 이러한 원리를 우리에게 가르쳐 주셨습니다.

의식의 변화에 이르기 전에도, 의뢰인은 놀라운 일이나 치유를 경험할 수 있습니다. 하지만 의뢰인은 결국 자기의 자아를 하나님께 바치지 않으면 안 됩니다. 영적인 자각을 하려면, 세상적인 허망한 인식들을 포기해야 합니다. 영적인 거듭남을 체험하지 않으면, 한때 효험이 있었던 처치들이 더 이상 작동하지 않는다는 것을 알아차리게 되는 때가 반드시 오게 됩니다.

바울은 우리에게 인간 존재는 하나님의 은혜를 받을 수가 없다고 가르쳤습니다. 인간들은 하나님의 법 아래에 있지 않으며, 그럴 수도 없기 때문이라고 했습니다. 하나님의 영이 우리 안에 거주하도록 우리가 허용하기만 하면, 우리는 하나님의 자녀가 될 수 있습니다. "하나님의 영이 너희 안에 거하면, 너희는 하나님의 자녀이다."

예수께서는 또, 이렇게 말씀하셨습니다. "하나님의 자녀가 되려면, 너희의 적들을 위해 기도하라." 친구나 친척들을 위해 기도하지 말고, "너희의 적들을 위해 기도하라"고 하셨습니다.

하나님의 영은 시기와 질투, 원한, 미움, 복수심 등으로 가득

차 있는 사람 안에는 거주하지 않습니다. 솔직하게 자신의 적들이 용서받을 수 있도록, 그들이 자신들의 죄로 인해 벌을 받지 않도록, 기도할 수 있어야 합니다. 하나님의 영이 그들의 혼에, 그들의 마음에, 그들의 존재에 들어가게 해 달라고 당신이 기도할 수 있는 의식 상태에 도달할 때, 당신은 비로소 더 이상 죽어질 덧없는 존재가 아니게 됩니다. 당신이 여전히 복수를 원하고, 죄인들은 평생토록 감옥에 가두어 두거나 처형되어야 마땅하다고 생각하는 의식 상태에 머물러 있다면, 당신은 "눈에는 눈, 이에는 이"의 동해보복법을 추구했던 고대 히브리인들과 같은 의식 상태에 있는 것입니다. 하지만 당신이 그리스도 정신으로 변혁을 꾀할 때, 당신은 일곱 번씩 일흔 번이라도 용서할 수 있고, 악에 저항하지 않을 수 있게 되고, 칼을 들지 않을 수 있게 됩니다. 그런 의식 상태에 도달해야 당신은 당신의 의지를, 당신의 주의 주장을, 당신의 확신을 내려놓고, 하나님의 은혜를, 그리스도의 영을 받아들이게 됩니다. 그때에야 비로소 하나님의 영이 당신 안에 거주하게 됩니다.

당신이 휩싸여 왔던 인간의 부정적인 감정들을 모두 내려놓았다는 것을 정직하게 인정하고 느낄 수 있다면, 당신은 이제 영적인 치유를 받아들일 수 있는 수용적인 상태로 들어서 있는 것이고, 치유 작업을 할 수 있는 의식 상태에 도달해 있는 것이며, 당신 스스로 그것을 알 수 있습니다.

치유자를 만드는 것은 타이틀이나 학위, 권위 있는 기관이 아닙니다. 그럼에도 전혀 준비되지 않은 많은 사람들이 치유자임을 자처하고 있습니다. 하지만 "열매를 보면 그들이 누구인지 알 수 있습니다." 치유자는 자기 자신의 인간성을 온전히 내려놓은 사람이라야 합니다. 치유자는 반항심을, 적대감을, 시기나 질투를, 원한을, 다른 모든 부정적인 감정들을 내려놓은 자유로운 사람들로서, 적들을 일곱 번씩 일흔 번이나 용서하고 그들을 위해 기도할 수 있는 사람들입니다. 악에 저항하지 않고, 칼을 칼집에 꽂는 사람들입니다.

우리가 인간적인 것들을 모두 내려놓고 그리스도께서 우리의 의식을 모두 채우도록 허용할 때, 우리는 그때에야 비로소 영적으로 치유된 상태가 되어, 다른 사람들을 치유할 준비를 갖추었다고 할 수 있습니다.

정신세계를 추구하고 몸담은 사람들 중에는 치유를 할 수 있을 만큼 그리스도 의식에 도달한 '깨친 분'들이 많습니다. "인피니트 웨이"든, "크리스천 사이언스"든, "유니티"든, "신사상 운동"이든, 차이가 없습니다. 치유 능력을 결정하는 것은, 그 사람이 도달한 영적인 의식 수준입니다.

육신의 치유에 대하여

육신의 문제를 가지고 도움을 요청할 때에는 어떻게 해야 할까요? 의뢰인의 요청은 장기나 근육, 뼈, 혈관 등이 제대로 기능하지 않고 있다는 문제인 경우가 대부분일 것입니다. 처치를 시작하기 전에, 당신의 의식에서 그 환자 개개인뿐만 아니라 요구사항마저도 모두 깨끗이 지워 버리십시오. 당신은 의사가 아니기 때문에, 문제가 되는 부분이 심장인지, 간인지, 폐인지는 중요하지 않습니다.

치유나 처치는 '진리'를 앎으로써만 행해져야 하고, 의뢰인이나 의뢰인의 요구사항에 대한 '진리'란 존재하지 않습니다. 한 의뢰인은 가슴에 통증을 느끼고 있고, 그것은 곧 심장병일 수 있습니다. 다른 의뢰인에게는 종양이 있는데, 그것은 곧 암일 수 있습니다. 환자는 그러한 자신의 생각을 붙들고 늘어짐으로써 영속화시킵니다. 그러니 처치나 치유를 할 때에는, 의뢰인의 요구사항에 생각을 기울이면 안 됩니다.

의뢰인이 누구이든, 어떤 직업을 가진 사람이든, 깨끗이 잊어 버리십시오. 당신에게 짐이 실리는 것과 동시에, 그것이 어떤 요구사항이었는지조차 잊어버리십시오. 저의 사무실에는 누가 왔는지, 누가 전화를 걸어왔는지, 전혀 녹음을 하지 않습니다. 저의 일정표에 이름이 쓰이는 것은 미래의 약속을 잡기 위한 목적에서일 뿐입니다. 어떠한 이름도 없고, 처치에 대한 기록도 없고, 보내어진 수표도 없고, 요구사항에 대한 기록이나 사례를 위한 기록물도 없습니다.

당신의 의식에서 의뢰인의 정체성이나 요구사항을 깨끗이 지워버린 다음에는, 공급의 문제를 위해 처치를 하는 것과 똑같은 방식으로 치유를 진행합니다. 첫 번째 단계에서, 당신은 진리에 대해서 당신이 의식적으로 해오던 진술들이나 성경구절, 진리에 관한 형이상학이나 신비적인 진술들을 깊이 되새기는 시간을 갖습니다. 요구사항에 대해서가 아니라 진리에 대한 앎을 의식적으로 깨우기 시작합니다. 의뢰인의 요구사항에는 어떠한 진리도 존재하지 않습니다. 병이라고는 흔적도 없는 하나님의 전체 왕국 안에 있는 진리만을 상기합니다. 거기에만 진리가 존재하기 때문입니다. 다시 한 번 말씀드리지만, 다음에 제시하는 진리에 관한 진술들이 당신의 의식에 반드시 와 닿아야 하는 것은 아닙니다. 이것은 단지 하나의 실례일 뿐입니다.

　　그리스도의 치유 사역은 너무나 간단합니다. "그대를 방해하는 것이 무엇이냐? 그대의 침상을 들고 일어나 걸어라. 나사로야, 나오너라! 그대는 죽지 않았다. 단지 자고 있었을 뿐이다."

　　하나님의 왕국에는 병이라고는 흔적도 없습니다. 하나님은 병을 창조하지 않았습니다. 하나님은 당신이 보시기에 좋은 것들만을 창조하셨습니다. 하나님만이 유일한 창조주이십니다. 그러므로 인간 또한 병을 창조할 수 없습니다. 인간은 단지 병의 힘만을 믿고 있을 뿐입니다.

죽음으로 이끄는 병 같은 것이 존재했다면, 불멸은, 영원이란 것은, 존재하지 않을 것입니다.

하나님의 왕국은 불멸이며, 영원하고, 생명이며, 사랑입니다. 하나님의 왕국은 율법의 왕국이 아니라 은혜의 왕국입니다. 그러므로 물질의 율법, 마음의 율법, 기후의 율법, 음식의 율법, 한계의 율법은 존재할 수가 없습니다.

하나님의 왕국에는 은혜의 상태가 있을 뿐입니다.

공급의 문제에 직면하여 해결해야 할 처지에 있을 때, '진리'가 말해주는 바에 따라 깨어 있는 의식으로 살게 되면, 당신은 성경의 여러 구절들을 마음에 새기게 되겠지만, 결국엔 생각이나 말들이 더 이상 필요없어지는 경지에 이르게 될 것입니다. 당신은 생각이나 말들이 필요치 않는 기도의 상태로 자신을 상승시키게 될 것이고, 그리하여 가만히 자리에 앉아서 말하게 될 것입니다

"아버지, 이제 당신의 차례입니다. 말해 주소서, 주여, 당신의 종이 지금 여기에 있습니다."

당신은 그때, 하나님이 지금 여기 현장에 계시다는 영적인 깨달음 상태를 기다리는, 두 번째 단계에 이르게 됩니다. 당신이 내적으로 이러한 경험을 하게 될 때, 당신의 과업은 완수됩니다.

당신은 환자나 의뢰인, 혹은 그들의 요구사항에 조금도 마음

을 주지 않았습니다. 하나님과 함께 장막에 거하면서, 하늘나라에서 대화를 계속해 왔습니다.

"당신의 목소리를 듣기 원합니다."라는 찬송을 떠올려 보십시오. 그것은 단지 찬송이 아닙니다. 그것은 존재의 영적 상태입니다. 고요하고 평화로워진 어느 순간에 무슨 일인가가 당신의 내면에서 벌어집니다. 어떤 느낌, 어떤 말들, 어떤 메시지, 어떤 빛이 당신에게 다가오고, 그러면, 당신은 하나님이 지금 여기에 계시다는 것을 알아차립니다.

10

나는 작아지고 사랑은 커지고

진정한 성공을 이루는 가장 빠른 길은, 아무것도 하지 않은 상태에서 멍 때리면서 고요하게 자주 긴 시간을 가지는 것입니다.

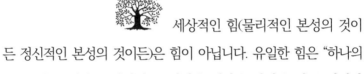 세상적인 힘(물리적인 본성의 것이든 정신적인 본성의 것이든)은 힘이 아닙니다. 유일한 힘은 "하나의 힘"을 알고 깨닫는 의식이고, 이것을 깨달은 사람은 다른 어떠한 것들도 힘이 아님을 알아차리게 됩니다.

히스기야 왕 당시에 백성들이 그에게로 와서 말했습니다. "적군들이 코 앞에 다가와 있습니다. 우리보다 수가 훨씬 더 많습니다."

그러자 왕이 대답했습니다. "두려워하지 말라! 그들은 단지 일시적인 힘을, 육신의 힘을 가졌을 뿐이다. 우리에게는 주 하나님이 함께 하신다."

예수께서는 빌라도에게 세상적인 힘과 영원한 힘에 대해서 말씀하셨습니다. "네가 하늘에서 권한을 받지 않았다면 나를 어떻게도 할 수 없을 것이다"(요한복음 19:11).

세상적인 힘은 무엇이고 영원한 힘은 무엇인지, 진지하게 이해하려고 해보십시오. 당신은 지금 당장, 적군에게로 얼굴을 향한 채 솔직하고 당당하게 말할 수 있습니까? "너희들은 나를 어떻게도 하지 못한다.", "너희는 단지 세상적인 힘, 인간적인 허망한 힘을 가졌을 뿐이야."라고. 아무런 두려움 없이 안전하다는 느낌 속에서 실제로 그렇게 말할 수 있나요? 물론 그렇게 하기가 어렵겠지요. 일시적인 힘, 세상적인 힘은 힘이 아니라는 것을 진실로 이해하기 전에는, 누구도 그렇게 할 수가 없습니다. 당신 안에 이미 깃들어 있는 전지전능함에 대한 확신이 어느 정도인지, 그 정도만큼만 당신은 일시적인 힘은 힘이 아님을 알 수 있습니다.

세상적인 힘은 왜 힘이 아닌가

치유의 일을 해보신 분들 중에는 이러한 초월의식을 어느 정도 성취하신 분들이 적지 않습니다. 우리 중 누구도 완전하게 성취한 분은 없을 것이지만, 영적인 치유의 일을 해보신 분들은 감염이나 질병에 대해서 "너희들은 아무런 힘이 없다."고 말할 수 있었고, 그것들이 실제로 용해되어 버리는 것을 목격해 왔습니다. 치유의 도구가 되어본 적이 있는 분들은 모두가 하나님의

200

현존 앞에서 세상적인 힘은 힘이 아님을 입증해 왔습니다. 하나님의 존재가 실현되는 것 이외에 다른 힘은 없습니다. 우리는 금이 간 뼈를 붙이고, 소경과 귀머거리를 치유함으로써 이를 입증해 왔습니다. 우리는 일시적인 세상의 힘은 힘이 아님을 거듭 거듭 증거해 왔습니다.

인간 세상에는 많은 일시적 힘들이 존재합니다. 질병, 죄, 돈, 정치, 전쟁 등은 모두가 일시적인 힘입니다. "하나님, 나의 적들을 이기게 해주세요. 원자폭탄을 이기게 해주세요."라고 과거의 몰지각한 방식으로 기도를 한다면, 당신은 귀중한 시간을 낭비하고 있는 것입니다. 왜냐하면 하나님은 그런 식으로는 결코 일하시지 않았고, 앞으로도 그러실 것이기 때문입니다. 하나님은 악의 힘에 대해 어떤 일도 행하시지 않습니다. 하나님은 다른 힘을 이기기 위한 힘이 아닙니다. 하나님은 단지 "오직 하나의" 힘이시고, "모든 힘"이십니다. 과거에 기도의 응답을 받지 못하는 일이 많았다면, 그것은 일시적인 힘을 이기기 위해 애썼기 때문입니다. 그것은 마치 사막의 신기루를 물리치려고 시도하는 것과도 같습니다. 어떻게 존재하지도 않는 것을 향해 힘이 발휘될 수가 있겠습니까? 다른 힘을 이기기 위해 영적인 힘을 사용하려고 하는 경우가 많습니다만, 다른 힘이란 존재하지 않습니다.

적을 멸망시켜 달라고 하나님께 기도하지 마십시오. 죄와 질병이라고 부르는 적들마저도, 물리치게 해달라고 기도하지 마십시오. 하나님은 용감하게 나아가서 죄와 질병과 결핍, 한계, 죽음 따위를 물리쳐 주는 위대한 힘이 아닙니다. 하나님을 그런 식으로 생각하지 마십시오. 하나님을 영으로, 생명으로, 사랑으로, 언제나 당신이 있는 곳에 계시는 분으로 여기십시오. 모든 공간을 채우시는 분이라고 생각하십시오. 하나님의 나라란 무엇인지, 공급하시는 분이 하나님이라는 것이 무슨 의미인지, 하나님과 함께 한다는 것이 무슨 뜻인지, 하나님의 가족이란 것이 무엇을 의미하는지, 탐구해 보십시오. 하나님과 함께 동거하는 삶을 살면서, 당신이 생각을 하기도 전에 당신의 주변에서 일어나는 일들을 지켜보십시오. 악의 힘처럼 보이는 것들이 전혀 힘이 없다는 깨달음에 도달할 때, 당신의 삶의 경험에는 비로소 조화가 찾아오게 됩니다.

"나의 왕국", 곧 그리스도 왕국은 이 세상에 속하지 않지만, "나의 왕국"은 어떤 세상에서도 "오직 하나의 힘"이라는 것을 깨달아야 합니다. 그때, 악의 세계가 나타나 보이는 것처럼 여겨질 때에도(죄, 질병, 전쟁, 부조화, 공산주의, 자본주의, 혹은 당신이 싫어하는 어떤 이즘이든 그런 모양을 띠는 것들 안에 있을 때), 당신 자신에게 물으십시오. "이것은 영적인 힘인가? 이것은 하나님의 파워인가?" 물론 아니지요! 하나님은 너무나 순수하여 부정이나 불법 따위는 바라볼 수조차 없습니다. 하나님의 악이란 존재할 수가 없습니다. 하나님은 죄와 질병, 결핍, 죽음이란 존재하지 않는다는 것을 보여주기 위해서 예수를 세상에 보내셨습니다.

죄도, 죽음도, 결핍도, 전쟁도, 하나님으로부터 방사되는 것이 아닙니다. 그러므로 당신이 직면하게 되는 악의 이런 모습들은, 단지 일시적인 힘에 지나지 않습니다. 그것이 단지 일시적인 힘이라는 것을 알아차리기만 하면, 당신은 그것이 아무런 힘도 갖지 않음을 깨닫게 될 것입니다. 당신이 마주하는 것은 단지 일시적인 효과로서 나타나는 일시적인 것일 뿐입니다. 영적인 힘은 보이지 않습니다. 하나님은, 모든 힘은, 보이지 않습니다. 그러므로 너무나 분명하게 눈에 보이는 위험이 있다면, 그것은 힘을 실제로 가지고 있을 수가 없습니다. 그것은 하나님의 작용이 결코 아닌 것입니다.

악의 힘은 실재하지 않는다

악의 본성에 대해 알아차리기 시작함에 따라, 당신은 기도란 악을 극복하기 위해서 하는 것이 아님을 이해하게 되고, 그럼으로써 삶의 전체 경험이 빠른 속도로 변화하게 됩니다.

악은 하나님께서 부여하신 것이 아닙니다. 그것을 유지하기 위해 하나님이 정하신 법 같은 것은 없습니다. 악은 하나님을 목적으로 삼지도 않고, 신성과도 아무런 상관이 없습니다. 그러므로 악은 일시적이고, 인간의 생각에서 나온 것이며, 아무것도 아닙니다. 당신이 이것을 깨닫는 순간, 당신은 더 이상 악에 저항하지 않습니다. 당신이 악을 극복하기 위해 하나님께 간청하는 기도를 드리는 한, 당신은 악에 저항하고 있는 것이고, 악을 이기는 데에 하나님의 파워를 사용하려고 청하고 있는 것입니다.

악을 이기거나 저항하려고 애쓰지 마십시오. 긴장을 풀고 말하십시오. "좋습니다. 하늘에 계신 아버지, 나는 지금 당신을 필요로 하지 않습니다. 왜냐하면 내가 직면하고 있는 것은 단지 신기루 같은 것이어서 힘을 갖고 있지 않기 때문입니다. 진짜 힘이 발휘되어서 힘들어진다면, 당신께 요청을 드릴 것입니다. 하지만, 지금 이것은 힘이 아닙니다."

죽어질 인간들이 생각할 수 있는 것들이나 그들이 당신에게 하려고 하는 것들에 대해서는 두려워할 필요가 없습니다. 죽어질 힘을, 일시적인 힘을, 물질의 힘을 두려워할 필요는 없습니다. 당신은 감염을, 질병을, 늙어감을 두려워할 필요가 없습니다. 왜냐 하면 원인과 결과의 세계에 속하는 것들은 어떠한 것도 진정한 힘이 아니기 때문입니다. 모든 힘은 보이지 않고, 힘처럼 나타나고 있는 것은 단지 인간의 이미지일 뿐이며, 힘에 대한 잘못된 관념일 뿐입니다. 당신은 이러한 실상을 알아야 합니다. 이러한 진실에 대한 앎이 당신을 자유케 해줄 것입니다. 하지만, 당신이 이 진실을 알고 있는 한, 당신 자신의 삶을 통해서 어느 정도는 경험을 해야 합니다. 그것을 잊어서는 안 됩니다. 다시 말하자면, 당신이 어떤 사람을 미워하거나 두려워하는 한, 그 결과의 힘을 부정할 수는 없는 일입니다. 왜냐하면 당신이 스스로 원인을 만드는 한, 그 결과를 반드시 거두어들이게 되기 때문입니다. 당신의 생각과 행동은 그에 합당한 결과를 빚게 마련이므로, 좋은 결과를 얻으려면 좋은 생각과 행동을 해야 하는 것입니다.

물론 언제나 항상 좋은 생각과 바른 행동을 할 수는 없는 일이지요. 하지만, 그렇다고 해서 낙심하지는 마십시오. 물질적인 감각으로 살아왔던 것이 하룻밤 사이에 완전한 영적인 의식으로 바뀔 수는 없는 일이므로, 때로는 실패하는 것이 당연합니다. 꾸준히 공부하고 명상을 해도, 그러한 변화가 쉽사리 이루어지지는 않습니다. 1년으로도, 2년으로도, 3년으로도 부족할 것입니다. 이러한 원리는 연습하기 시작한 순간부터, 당신은 어느 정도는 그리스도 예수의 마음을 갖게 될 수 있고, 그만큼 열매를 거둘 수 있습니다. 거기에 감사하십시오. 당신 자신에게 인내할 수 있어야 합니다.

해마다 가을과 겨울에는 감기아 기침 등 인플루엔자가 극성을 부립니다. 어쩌면 당신은 그런 것이 당신 근처에도 오지 못한다는 의식 상태에 이미 도달해 있을지도 모릅니다. 하지만 당신이 살고 있는 도시와 세상을 위해서, 당신은 날마다 그것이 일시적인 힘에 지나지 않으며, 사실은 아무런 힘도 없다는 것을 기억할 필요가 있습니다. 그것은 하나님께 속하지 않습니다. 따라서 사람이 관념으로 힘을 부여하지 않는 한, 그것은 존재를 갖지 않습니다.

오직 하나님의 마음이 있을 뿐입니다. 육신의 마음이란 실재하지 않습니다. 하나님의 마음은 그리스도 안에 존재했던 마음입니다. 그러므로 육신의 마음과 그 활동은 실체가 없습니다. 힘이 없습니다. 그것들은 단지 인간이 만들어낸 것일 뿐이므로 두려워할 필요가 없습니다. 두려움으로부터 안도하는 마음을 경험한 적이 있었다면, 그때를 떠올려 보십시오. 그때 당신은 세상 안에 하나님의 힘을 풀어놓고 있었을 것입니다.

육신에 속하는 마음의 활동은 여러 모습으로 나타납니다. 어느 날에는 마약 거래 같은 청소년 비행으로 나타나고, 어느 날에는 아동학대로 나타납니다. 이런 저런 모습으로 나타나겠지만, 그것들을 없애려고 싸우지 마십시오, 이것들은 단지 육신에 속하는 마음의 활동일 뿐임을 깨닫지 않는 한, 그것들은 지워지지 않습니다. 그것은 어느 시대 어느 세대에나 나타나 왔습니다. 아무리 열심히 싸워도 거기에 힘을 부여하는 한, 그것들은 없어지지 않습니다. 그것들은, 그것들이 육신에 속하는 마음의 형태일 뿐임을, 아무런 힘도 없는 모습일 뿐임을, 무(無)에 속하는 것일 뿐임을 깨달음으로써만 없앨 수 있습니다. 두려움과 근심 걱정에서 해방되는 내적인 느낌을 경험함에 따라, 당신은 다시 하나님의 현존과 그 힘을 이 우주에 풀어놓게 됩니다.

나의 왕국

"나의 왕국"이라는 이 두 단어를 언제나 마음에 간직하도록 하십시오. "나의 왕국"이란 그리스도의 왕국을 의미합니다. 이 두 단어를 마음에 간직하고서, 이 일시적인 세계는 두려워하거나 미워하거나 사랑할 만한 대상이 아님을 깨달으십시오. 그것은 환상입니다. 그러나 환상을 진짜처럼 여기고 있는 바로 그곳에 "나의 왕국"이, "하나님의 왕국"이 존재합니다. 당신의 눈이 보고 있는 것, 귀로 듣고 있는 것은, 가짜의 모조품들로서, 일시적인 관념에 지나지 않습니다. 일시적인 힘에 대한 관념에 지나지 않습니다. "나의 왕국"은 본래적인 것입니다. 그것은 "하나님의 왕국"이고, 하나님의 자녀들의 왕국입니다. "나의 왕국"은 지금 여기에 존재합니다. 일시적인 우주로서 존재하는 모든 것은, 힘이 없습니다. 그것을 두려워하거나 미워하거나 정죄할 필요가 없습니다. 이해할 필요가 있을 뿐입니다.

당신은 이 세상에서 병의 여러 형태들, 죄의 여러 형태들, 거짓된 욕구의 여러 형태들, 결핍과 한계의 여러 형태들을 목격하고, 그것들이 사라지기 시작하는 것을 경험하게 될 것입니다. 대신 조화로운 환경과 관계를 발견하게 될 것이고, 이것은 당신이 높은 의식 상태임을 보여줍니다.

당신의 의식 상태는 살아 있는 모든 것의 살아 있는 중심입니다. 왜냐하면 당신의 세계는 당신의 의식 상태의 외부적인 표현이기 때문입니다. 씨를 뿌린 대로 거둘 것입니다. 육신에 씨를 뿌리면, 타락과 죄, 질병, 죽음, 결핍, 한계를 거두어들일 것입니다. 영에 씨를 뿌리면, 영원한 생명을 거둘 것입니다. "씨를 뿌린다"는 것은 "의식을 하는 것"을 의미합니다. 당신이 "나의 왕국", 영적인 왕국이 진정한 왕국이고, 오감의 세계는 결국 힘이 없으며 일시적인 것이라고 의식한다면, 당신은 영에 씨를 뿌리고 있는 것입니다. 그럼으로써 당신은 육신에, 마음에, 지갑에, 인간관계에 조화의 열매를 거둘 것입니다. 하지만 당신이 "목숨이 코에 달려 있는" 사람을 계속해서 두려워한다면, 계속해서 감염을, 전염병을 두려워한다면, 당신은 육신에 씨를 뿌리고 있는 것입니다. 모든 힘은 "보이지 않는 자" 안에 있다는 것을 깨닫는다면, 당신은 영에 씨를 뿌리고 있는 것이고, 신성한 조화의 열매를 거둘 것입니다.

기도나 치유나 명상에 대해 생각할 때마다, "'나의 왕국', 그리스도의 왕국이 진정한 힘"이라는 것, "일시적인 왕국—우리가 보고, 듣고, 맛보고, 만지고, 냄새 맡는 모든 것—은 힘이 없으며, 하나님께 속하지 않는다."는 것을 즉각 떠올리도록 하십시오. 당신이 올바르게 기도해 왔다는 것을 확신하게 되면 내적인 평화를 얻을 것이고, 기적을 연달아 경험하게 될 것입니다. 일시적인 세상은 일시적인 힘만 있을 뿐이라는 것, 일시적인 힘은 진정한 힘이 아니며, 덧없는 욕망에 지나지 않는다는 것을 깨달을 수 있도록 당신 자신을 훈련시키십시오. "이것은 단지 덧없는 욕망에 지나지 않는다. 우리는 전능하신 주 하나님과 함께 한다"고 할 때, '이것'은 진정한 힘이 아닙니다. 유일한 힘은 '보이지 않는 자'이시고, 우리의 "진정한 나"는 있는 그대로의 존재 자체이며, "진정한 나"는 보이지 않습니다.

"진정한 나"는 당신의 몸과 더불어 존재합니다. 몸은 눈에 보이고, 그러므로 파워를 갖지 못합니다. "진정한 나"는 건강할 수도 없고, 아플 수도 없습니다. 파워는 당신 안에 존재합니다. 당신이 육신에 씨를 뿌리든, 영에 씨를 뿌리든 "내가 선을 창조한다. 내가 악을 창조한다"고 할 때의 "나"는, 인간적인 "나"를 가리킵니다. 우리가 뿌린 대로 거둔다는 뜻입니다. 우리가 스스로 일시적인 세상에 힘을 부여하고 인정할 때, 우리는 우리의 경험에 잘못된 조건들을 창조합니다. 하지만 하나님을 전지전능하고 어디에나 계시는 존재로서 인정하고 받아들일 때에는, 모든 것이 달라집니다.

제대로 씨를 뿌리느냐 그렇지 않느냐에 따라, 우리가 창조하는 세상이 달라집니다. "뿌린 대로 거두리라"는 말의 의미는 분명합니다. 당신은 하나님을 실재로서, 유일한 힘으로서, 유일한 법으로서 의식하고 있습니까? 아니면 두 가지 힘, 두 가지 존재, 두 가지 법, 두 가지 원인에 대한 믿음을 받아들이면서 이 제한된 세계 속에서 살고 있습니까? 하나님이 유일한 힘으로서, 유일한 법으로서, 유일한 원인으로서 존재한다고 깨닫고 의식하면서 살아갈 때, 우리는 우리의 세상을 바꿉니다. 제한된 세상을 바라보면서, 다음과 같이 깨달을 수 있어야 합니다.

"세상을 움직이는 힘은 나나 당신의 손안에 있지 않다. 그 힘은 스스로 존재하는 '큰 나' 안에 있다. '큰 나'가 모든 것을 지시한다. 내가 그것을 깨닫는다고 해도, 몸은 나에게 그것을 말해줄 수가 없다. '큰 나'가 그것을 나에게 말해 준다. '큰 나'는 자신이 세상의 생명임을, 세상의 지성임을, 세상의 본질임을, 세상의 법임을 몸에게, '작은 나'에게 확신시킬 수 있다."

이렇게 깨닫게 될 때, 우리는 우리의 전체 세상을 바꾸게 됩니다. 그때, 몸은 순종하지 않으면 안 됩니다. 하지만 우리가 이 몸이 힘을 갖고 있다고 믿는다면, 우리는 일시적인 우주에 힘을 부여하고 있는 것이고, 육신의 덧없는 것들에 힘을 부여하고 있는 것입니다.

이러한 원리를 연습하고 수행함에 따라, 당신은 형상과 나타난 결과보다는 "나의 왕국"과 "당신의 은혜"에 더욱 더 주의를 집중하고 있는 자신을 발견하게 될 것입니다. 이제 당신은 더 나은 인간관계나 더 나은 건강, 더 많은 돈이 아니라, 영적인 은혜, 영적인 조화, 영적인 관계에 대해서 생각하게 될 것입니다. 인간관계나 인간의 건강, 돈 문제 등은 영적인 조화나 영적인 성장의 결과일 수는 있지만, 그것들이 영적인 조화나 성장을 이루어내는 것은 아닙니다. 영적인 성장이 이루어지면, 더 나은 육신의 건강이나 물질적인 축복을 추구하지 않습니다. 당신은 몸과는 거리를 두게 되고, 주님과는 늘 함께 하게 됩니다. 주님과 함께 하게 되면, 당신은 몸을 비롯한 다른 겉모양의 삶도 조화로워져 있는 것을 발견하게 될 것입니다.

하나님은 쓰여지기 위한 힘이 아니다

하나님의 힘은 인간들에 의해 불러일으켜지기 위해 존재하는 것이 아닙니다. 하나님께 영향을 끼침으로써 자신이 바라는 바를 획득하고자 해서는 안 됩니다. 빛이 어둠을 이기기 위한 힘이 아니듯이, 하나님의 힘은 우리의 죄, 질병, 죽음을 이기기 위한 힘이 아닙니다. 사실 어둠은 존재하지 않습니다. 어둠은 단지 빛의 부재 상태일 뿐입니다. 어둠은 실재하지 않습니다. 어둠은 존재가 아닙니다. 어둠은 현미경으로 들여다보고 검사할 수 있는 내용물이 존재하지 않습니다. 우리는 어둠의 한 조각도 붙잡을 수가 없습니다. 왜냐하면 어둠이란 존재하지 않기 때문입니다. 어둠은 단지 빛의 부재 상태일 뿐입니다.

어둠과 마찬가지로, 죄, 질병, 죽음은 존재하지 않습니다. 왜냐하면 하나님이 창조하시지 않는 것은 존재하지 않기 때문입니다. 그리고 그분만이 창조하고, 유지하는 힘입니다. 창세기에 따르면, "하나님은 만물을 창조하셨고, 자신이 창조한 것을 보니 좋았더

라."라고 되어 있습니다. 하나님이 보시고 좋아하신 것들 안에
죄, 질병, 죽음은 존재하지 않습니다. 그러니 하나님은 그것들을
창조하시지 않았습니다.

우리가 주목해야 할 또 한 가지는, 하나님이 창조하신 것은
영원하다는 것입니다. 하나님은 어느 누구에게도 자신이 창조하신
것을 부수거나 붕괴하게 하지 않을 것입니다. 그분이 죄, 질병,
죽음을 창조하셨다면, 그것들을 우리가 극복할 희망은 있을 수가
없습니다.

태초에 만들어지지 않은 것, 존재하지 않은 어떤 것, 진리에
대한 우리의 무지를 나타내는 것일 뿐인 것들을 이기고 극복하기
위해, 하나님의 힘을 사용할 필요가 있을까요? 당신의 치유력,
당신의 영적인 힘은, 하나님이 모든 것을 창조하고 유지하는 힘이
라는, 그분이 창조하지 않은 것은 존재하지 않는다는 진리에 대한
당신의 앎에 달려 있습니다. 당신의 유일한 영적인 힘은 바로
거기에 있습니다.

세상의 평화

세상은 평화를 위한 오직 하나의 희망만을 가지고 있습니다.
우리가 "인피니트 웨이"에서 밝히듯이, 일시적인 힘은 힘이 아님을
깨닫는 것입니다. 세상은 평화를 얻겠다고 하면서 물리적인 힘에

호소하곤 합니다. 갖가지 파괴적인 무기를 발전시키면서 그것들로 인해 평화가 주어질 것이라고 생각합니다. 영적인 것을 추구하는 사람이라면 누구라도, 정치적인 파당이나 지도자가 평화에 대한 해결책을 갖고 있다고는 한 순간도 믿지 않습니다. 인간적인 해결책으로는 되지 않습니다. 세상은 이 점에서 너무 멀리 가버렸습니다. 오직 영적인 해결책이 있을 뿐입니다. 영적인 해결책만이 세상으로부터, 전쟁으로부터의 위험과 전쟁—냉전이든 열전이든—에 대한 모든 생각을 제거해 줄 것입니다.

우리는 일시적인 힘은 힘이 아니며 덧없는 것임을 알아야 합니다. **우리는 주를, 전능하신 하나님을 가지고 있다**는 것을 알아야 합니다. 전능하신 주 하나님은 어느 누구나 갖고 있는 유일한 힘이며, 모든 힘입니다. 어느 누구도 예외가 아닙니다. "인피니트 웨이"를 배우고 있는 우리 모두는, 이러한 특별한 진리를 누구나 이해할 수 있으며, 어느 누구도 예외가 될 수 없습니다. 우리의 경험을 통해서 이것을 계속해서 보여주게 될 때, 그것은 세상 전체를 위한 일이 될 수 있습니다. 왜냐하면 그것이 세상의 모든 문제를 끝장낼 수 있는 방법이기 때문입니다. 일시적인 힘은 힘이 아니며, 그것에 저항하지도 않고 이기려고도 하지 않고 싸우려고도 하지 않고, 단지 그것이 아무것도 아니라는 깨달음 속에서 고요히 쉬는 일, 그것이야말로 모든 문제의 종식입니다.

가족 중의 한 명이 병이 들었다면, 그 사람 곁에 앉아서 스스로에게 말하십시오. "나는 이 일시적인 힘을 믿지 않는다. 나는 이 병(혹은 이 죄, 혹은 이 거짓된 탐욕)에 힘을 부여하지 않는다." 그렇게 옆에 앉아서 "이것은 일시적인 힘일 뿐, 아무런 힘도 아니다."라는 것을 깨닫게 되면, 당신의 가족(혹은 친구나 이웃)이 점점 더 좋아지는 것을 지켜보게 될 것입니다. 그때 당신은 당신 자신이, 아주 작은 것이라도, 일시적인 힘은 어떤 형태이든 힘이 아님을 입증했다는 것을 알아차리게 됩니다. 그것이 치유의 열쇠입니다. 그것이 치유의 원리입니다. 다른 열쇠는 없습니다.

인간인 우리들은 시기하고 질투하거나 원한이 샘솟게 마련이어서 평화를 유지하기가 힘듭니다. 우리 모두가 개인적으로 "나의 왕국"이 여기를 지배한다는 깨달음, 인간의 선도 아니요 인간의 악도 아닌 하나님의 왕국이 전부라는 깨달음 속에서 살아갈 때, 우리는 평화 속에 머물 수 있습니다. 우리 사이에 인간의 악이 존재한다고 해도, 그것은 힘이 아닙니다. 악은 개인에게 속한 것이 아닙니다. 그러므로 그것은 자신을 나타낼 수도 없고, 무(無)로 돌아가야 마땅합니다. 악이나 죄, 증오, 시기, 질투, 원한이 존재한다고 할지라도, 그것이 도대체 누구에게 속하는 것이란 말입니까? 그것은 단지 일시적인 것일 뿐이며, 어느 누구에게도 속하는 것이 아닙니다. 그것은 누구 안에도 영원히 없고, 누구 위에도 영원히 없고, 누구를 통해서도 영원히 나타나는 법이 없습니다. 그것은 덧없는 것이고, 무(無) 자체입니다. 우리는 주를,

전능하신 하나님을, 신성한 사랑을, 신성한 지혜(유일한 지혜)를 가지며, "그것"이 우리들 사이에서 작동하고 있습니다. 인간의 지성이 아니요, 인간의 사랑이 아니요, 인간의 감사가 아닌, 하나님의 힘과 현존이 우리 사이에 작동하고 있습니다.

당신이 자리하고 있는 공간에 대해 생각해 보세요. 거기에 어떤 악, 어떤 질병, 어떤 궁핍이 있다 할지라도, 그것은 일시적인 것이고, 하나님의 것이 아니며, 아무것도 아닙니다. 당신은 주를, 전능하신 하나님을, 생명으로, 마음으로, 혼으로, 존재로, 심지어는 몸으로 가지고 있습니다. 몸은 하나님의 성전입니다. 하나님이야말로 치유의 실행자라는 것을 당신은 알지 못합니까?

다음 단계로는 당신의 생각들을 공동체에 퍼져 나가게 하여, 악이 설령 거기에 있다고 할지라도, 그것은 어디에도 소속된 곳이 없다는 것을 깨달아야 합니다. 악은 어떤 개인에게도 속하지 않습니다. 악은 '세상적인 마음'입니다. 그것을 유시하게 하는 신의 법칙 같은 것은 없습니다. 그런 마음으로 살아갈 때, 얼마나 빨리 주변 환경이 개선될 수 있는지를 살펴보십시오! 그럼에도 당신이 이러한 원리를 실천하지 않으면, 그 원리는 당신의 경험 속에서 실현되지 않을 것입니다. 당신을 위해 그 일을 행하려고 저 높은 곳에 앉아 계시는 신비한 하나님은 존재하지 않기 때문입니다. 당신은 진리를 알게 될 것이고, 그 진리가 당신을 자유하게 해줄 것입니다. 당신은 그 진리를 당신의 개인적인 일들로, 집단적인 일들로, 도시에서,

국가에서, 세상 속에서 경험할 수 있어야 합니다.

짐이 한결 가벼워지리라

인간의 몸을 지니고 '내 안의 그리스도'로서 살아가는 일이 면 나라의 이야기만은 아닙니다. 왜냐하면 그리스도의 활동에 의해서 살아가는 것은 정상적이고 자연스러운 길이기 때문입니다. 인간의 길, 소위 종교적인 언어로 "인간의 불순종"이나 "인간의 타락"은 자연스럽지 않은 길입니다. 자연스럽지 않은 길을 가는 것, 그것이 남자들이 이마에 땀을 흘리고, 여자들은 산통에 시달리 면서 살아가지 않으면 안 되는 이유입니다.

'내 안의 그리스도'가 활동하면, 산통도 있을 수 없습니다. 영적인 능력의 사람이 있는 곳에서는, 아이를 낳을 때에도 산통이 없습니다. 스스로 깨친 이라고 자처한다고 해도 누구나 다 그렇게 할 수 있다는 뜻은 아닙니다! 이것은 치유 능력이 누구에게나 주어지지 않는 것과 마찬가지입니다. 하지만 어느 정도 그리스도 의 활동을 아는 분이 함께 하게 되면, 아이를 낳을 때에도 자연스럽 게 고통이 없게 됩니다. 이런 사례는 그리스도의 활동에 의해 살아간다는 것이 어떤 것인지를 보여주는 명백한 증거이기도 합니다.

우리는 "코로 숨을 쉬는 것에 생명을 의지하는 사람"의 덕에 의지하여 살도록 창조되지 않았습니다. 우리는 남편이나 아내나 부동산에 의지하여 살아가도록 의도되지 않았습니다. 우리는 먹고 입고 마시고 옷 입고 거주하는 것만을 생각하면서 살도록 의도되지 않았습니다. 우리는 근심 걱정, 두려움, 의심에 붙들려 살도록 의도되지 않았습니다. 우리는 하나님의 영광을 보여주면서 살도록 의도되었습니다. 우리들 삶의 모든 행위가 하나님이 우리의 삶 안에서 활동하고 계시다는 사실을 보여주어야 합니다.

우리 스스로 책임을 지고 계획을 하기 시작하는 순간, 우리는 그리스도의 활동을 닫아버리게 됩니다. 우리가 생각을 멈추고 움직임을 멈출 때, 우리는 그리스도가 행위하도록 길을 만들게 되고, 우리에게 주어진 것이 무엇이든지 그것을 수행하게 됩니다. 다시 말하자면, 우리는 자기 자신들에게 말합니다. "좋아, 오늘 나는 매 시간 나에게 하라고 주어진 것이 무엇이든 그것을 행할 거야." 예를 들어봅시다. 나는 자리를 떠나면서 이젠 *점심*을 먹어야 겠다고 생각합니다. 그래, 점심을 먹는 거야. 하지만 점심에 대해서 생각하고 있는데 전화가 걸려오면 점심식사를 연기하지 않을 수가 없게 됩니다. 하지만 계획대로 반드시 행해야겠다고 결심하기만 하면, 어떤 것도 나의 점심식사를 방해할 수가 없습니다. 그 특별한 시간에 해야 할 일이 생겨도 하지 않을 것입니다. 당신이 그리스도의 "유일한 힘"에 언제나 따르기로 하고 있다면, 당신이 계획했던 일을 하지 못하도록 방해하는 어떤 일들이 일어나도,

당신은 그 순간에 당신에게 하라고 주어지는 일이 무엇이든 그 일을 하게 됩니다. 주어진 그 일을 행한 후에 다음으로 나아가게 됩니다. 당신이 가는 매 발걸음마다 그리스도께서 활동하시고, 우리는 그때그때 우리에게 주어지는 일을 수행합니다.

우리가 아침에 깨어나서 온 종일 제정신으로 깨어 있다면, 그래서 제 시간에 행해야 할 일들을 행하고 말한다면, 만나야 할 사람들이 적절한 시각에 우리의 경험 속으로 찾아올 것이고, 적절치 않은 사람들은 제 시간에 제거될 것입니다. 그러면 우리는 우리가 경험하는 모든 것들이 그리스도의 활동의 직접적인 결과임을 알아차릴 수 있을 것입니다. 우리가 실제로 그 일을 하는 것이 아닙니다. 우리는 거기에 대해서 생각조차 하지 않습니다. 신비스런 "그것"이, 그리스도가, 우리가 그것을 알아차리기도 전에 이미 알아차리고 우리의 인생을 살아갑니다.

인간이 머리를 왕성하게 굴리면, 그리스도는 우리를 멈춰 세우고 "자기 자신"을 드러내실 수가 없습니다. 우리는 사방팔방으로 분주하게 달려가는 성공 중독자들입니다. 그러나 성공을 이루는 가장 빠른 길은, 얼마나 빨리 앞서 달려가느냐에 있지 않습니다. 오히려 아무것도 하지 않은 상태에서 멍 때리면서 고요하게 자주 긴 시간을 가지는 것, 그것이 성공의 지름길입니다. 그것이 오히려 무엇인가를 이루기 위한 최선의 길인데도, 우리는 너무도 모르고 있습니다. 그렇게 영감을 받아들일 수 있도록 고요한 상태에서 마음에 중심이 잡히면, 24시간 동안 분주하게 뭔가를 하는 것보다도 한 시간 동안에 더 많은 것을 이룰 수 있습니다. 마음에 중심이 잡힌 사람은, 정신적으로 고요할 줄을 모르는 사람보다 훨씬 더 적은 시간에 많은 것을 이룰 수 있습니다. 그리스도의 활동이 이루어지도록 자기 자신을 열어놓은 사람은 한계가 없습니다! 그리스도께서 인간 존재를 24시간 동안 온전히 쓰실 수 있다면, 얼마나 많은 것들을 이룰 수 있을까요? 거기에는 정말 한계가 없을 것입니다!

최근 어느 대학생이 나에게 도움을 청하는 글을 보내왔습니다. 그 여학생은 여러 가지 동아리 활동으로 너무 바빠서, 시험에 과연 패스를 할 수 있을지 걱정이 태산이었습니다. 나중에 그녀는 자신이 최고 성적으로 시험을 통과했다고 알려 왔습니다. 몇 과목만 그런 것이 아니라 전 과목이 최고 성적이었다는 것입니다. 인간으로서는 불가능한 일이었을 테지만, 그리스도의 활동이 있었기에 가능한 일이 되었습니다. "그것"은 당신의 능력에 대해서 생각조차 하지 않습니다. "그것"은 "그것의" 능력을 통해서 작동합니다. 당신은 단지 도구로서 쓰여질 뿐입니다.

사도행전에 나오는 성전의 '아름다운 문'에서 있었던 일을 떠올려 보십시오. 베드로와 요한은 걷지 못하는 사람을 일으켜 세웠습니다. 베드로나 요한은 일찍이 그런 일을 해낸 적이 없었습니다! 그들의 인간적인 능력을 넘어선 활동이 있었음이 분명합니다. 그들은 그것을 알아차리고 말했습니다. "이스라엘 동포 여러분, 어찌하여 이 일을 이상하게 여깁니까? 또 어찌하여 여러분은, 우리가 우리의 능력이나 경건으로 이 사람을 걷게 하기나 한 것처럼, 우리를 바라봅니까?"(사도행전 3:12)

단순한 두통이든, 암이든, 결핵이든, 중풍이든, 치유가 일어날 때는, 아무리 용한 치유사로 각광받는 사람이라도, "그것은 나의 힘에 의해 일어난 일이 아닙니다. 내가 이해할 수 있는 일도 아닙니다."라고 말해야 합니다. 거짓된 겸손으로써가 아니라 진실된 마음으로 그렇게 말해야 합니다. 그러한 힐링이 일어났다고 해서 관련된 사람이 칭송을 받는 것은, 경기에 참여조차 하지 않은 사람이 영예의 메달을 수여받는 것만큼이나 사리에 맞지 않는 일입니다! 하지만 치유가 이루어졌다면, 치유에 관여했던 사람의 의식 수준이 이미 그 정도의 겸손을 갖추고 있었다는 의미이므로, 그것을 잊어버려서는 안 됩니다! 그리스도의 활동이 가능하게 될 정도로 충분히 '자기 없음'을 이룬 바울이나 요한 같은 이가 없었더라면, 성전의 '아름다운 문' 앞에 앉아 있었던 몸을 쓰지 못하던 그 사람은 여전히 그곳에 앉아 있었어야 했을 것입니다. 야이로의 딸이나 베드로의 장모, 나사로 또한, "무한함"이 나타나서 치유의 일을 하도록 자기를 비운 상태에서 "무"를 이룬 누군가가 거기 없었더라면, 여전히 자신의 자리를 고수했어야 했을 것입니다. 그것이 바로 이러한 사역의 비밀입니다.

220

몇 년 전, 윌리엄 사로얀은 하나님이 우리의 인생을 사시며, 우리는 단지 거기에 편승해서 가고 있는 것뿐임을 확신한다는 내용의 글을 썼습니다. 펼쳐짐의 어느 단계에 이르면, 그것이 진실된 말임을 확신하게 됩니다. 우리는 이 지구 위에 증인으로서 존재할 뿐입니다. 우리는 코코넛이 나무 위에서 자라는 것을, 장미가 꽃피는 것을, 풀들이 자라는 것을 목격하고 있습니다. 하지만 우리는 그렇게 되도록 아무 것도 행하지 않았습니다. 우리가 잔디에 물을 주고 비료를 주는 것은 사실이지만, 우리는 그저 우리에게 하도록 주어진 일을 하는 것뿐입니다. 나에게 주어진 일을 완수하는 것은 "그분"이십니다. "그분"이 나에게 말하고, 그러면 나는 잔디에 물을 주거나 거름을 주어야겠다는 느낌이 듭니다. 혹은, 당장 그 일을 하기보다는, 여러 주일 동안 못하고 있었던 일을 하기 위해서 오늘 시내로 나가 보아야겠다는 느낌이 들 수도 있습니다. 혹은 여러 날 동안이나 여러 주일 동안 미루어두고 있던 일을 사무실에서 해야 하겠다는 마음이 들 수도 있습니다. 어느 날, "그것"은 "지금이야!"라고 말을 합니다. 그러면 곧 그 일이 행해지게 되고, 나는 그 일이 "즉시" 이루어지도록 모든 일들이 협력했다는 것을 알아차리게 됩니다.

당신 또한, 그리스도께서 활동하신 것이 분명하다는 것을 알아차리는 경험을 해보았을 것입니다. 다시 말하자면, 두통이나 인후염이 인간의 수단이나 치료가 조금도 행해지지 않았는데도 나았다는 것을 분명히 알아차리게 될 때가 있는 것입니다. 그때 당신은 그것이 그리스도의 행위였다는 것을 알게 됩니다. 인간관계의 문제나 공급의 부족이 너무나 극적으로 해결되어, 그리스도의 행위가 아니고서는 그런 일이 있을 수 없다는 것을 조금도 의심 없이 깨닫는 경우도 있습니다.

그럼에도 이런 경험들은 그리스도께서 가끔 방문하신다는 것을 나타내는 것일 뿐입니다. 하지만 그리스도께서는 당신의 삶의 "모든" 기능을 장악하시는 영적인 현존이자 힘입니다. "그것"은 당신이 부러 생각할 필요도 없이 걷고, 말하고, 기억하고, 소화시키고, 배설하게 하는 몸의 모든 기능을 수행합니다. 당신은 어떤 방식으로든 "그것"을 도울 필요조차 없습니다. 왜냐하면 그리스도의 활동, 내면의 영이 이 모든 기능들을 장악하기 때문입니다. 나는 내 피가 온 몸을 순환하도록 하기 위해서나, 소화기관이나 배설 기관이나 근육 등이 기능을 수행하도록 하기 위해서, 생각을 기울여야 할 필요가 없습니다. 그래야 한다면 나는 하나님의 입에서 나오는 말씀에 의해서가 아니라 빵만으로 살아가는 존재가 됩니다. 하지만 내 몸은 내가 거기에 대해서 생각을 기울이지 않아도 기능하고 있습니다. 혈액 기관이나 소화 기관, 배설 기관이 있다는 것조차 내가 모르더라도, 아무 상관이 없습니다. 바로 그것이, 그리스도께서 활동하고 계시다는 직접적인 증거가 아니고 무엇이겠습니까?

나는 매우 불완전하게 말하고 있지만, 내가 말하려고 하는 것은, 오늘부터 당신 스스로 적게 행하고 그리스도께서 더 많이 활동하시도록 허용해 보라는 것입니다. 그렇게 길을 비켜섬으로써 이루어지는 일들을 지켜보도록 하십시오. 그리스도의 활동의 목격자가 되십시오. 지켜보는 자가 되십시오! 다음과 같이 말할 수 있는 일들이 얼마나 많이 일어나는지를 지켜보십시오. "아, 나는 이 일이 그리스도께서 하시는 일이라는 것을 알겠어. 왜냐하면 나는 그 일과는 아무 상관이 없거든. 나는 아무 일도 하지 않았어. 거기에 대해서는 생각조차 하지 않았어! 그런 일이 생길 줄은 꿈에도 몰랐어! 그래, 뭔가 보이지 않는 분이 하신 일이야. 나를 위해서 보이지 않는 힘이 작용한 거야."

당신은 주변 사람들의 경험 속에서도 그러한 활동을 목격할 수 있게 될 것입니다. 특히 아이들이나 세상 물정 모르는 순수한 사람들의 경우에는, 그런 일들이 더 잘 일어납니다. 당신이 계획을 세운 일도 없고, 그런 일을 하리라고는 전혀 예측할 수 없었는데도, 그들을 위해서 당신이 무슨 일인가를 하고 있다는 것을 알아차릴 수도 있습니다. 당신이 깨닫지 못할지도 모르지만, 이런 일이 일어나는 것은 당신이 그들의 삶을 다스리시는 그리스도께 반응하고 있는 것입니다. 그리스도께서는 그들을 위해 일하고 계시고, 그들을 위해 당신을 쓰고 계시는 것입니다. 그리스도께서는 강아지를 위해서도 일을 하십니다. 굳이 그리스도라고 하지 않아도 상관이 없습니다. 말할 수 없는 "그것"은 집안의 애완동물을 먹이고, 그들의 필요를 채워주기 위해 우리를 쓰십니다. 애완동물들은 보이지 않는 분의 보호를 받으면서 살아가고 있습니다. 아이들을 위해서 우리가 쓰임을 받는 것과 마찬가지로, 애완동물들을 위해서도 우리는 쓰임을 받고 있는 것입니다. 아이들은 음식을, 입을 것과 잠 잘 곳을 제공받을, 그리고 대접을 받을 권리를 갖고 있는 것 같습니다. 아이들은 그런 것들을 갖고 입고 누리려면 얼마나 돈이 드는지, 그런 돈을 벌려면 얼마나 힘이 드는지, 생각조차 하지 않습니다. 그들이 뭔가를 필요로 하면, 당신을 통하여 제공됩니다. 당신은 그들이 이런 것들을 가질 수 있도록 해야 한다고 걱정을 해본 적도 없지만, 그리스도의 도구가 되어 그들을 위해 무언가를 하고 있는 자기 자신을 발견하게 됩니다.

몸이 활동하고, 지갑이 채워지고, 서로의 관계가 회복되는 이 모든 것이, 그리스도의 활동입니다. 하나님은 우리보다 앞서서 우리를 위해 자리를 예비하시어 굽은 곳들을 곧게 펴시고, 우리를 위해 모든 것을 이루어 주십니다.

그리스도는 우리의 삶 속에서 자신의 개성을 표현하시고 있는 하나님 자신입니다. 그것은 마치 태양이 어디에서나 중심의 자리를 차지하면서도, 어느 곳에서나 개별적으로 빛과 온기를 받을 수 있는 것과도 같습니다. 여기에서 수천 킬로미터 떨어진 곳에서도 동일한 태양이 햇빛을 비추고 있습니다. 그곳에서는 그곳의 태양이지만, 그러면서도 전체의 태양 자체입니다. 마찬가지로, 하나님은 그리스도입니다. 하나님은 그리스도를 구성하십니다. 하나님은, 우리가 일부러 생각할 필요도 없이 마음을 편히 가짐으로써 우리가 허용하는 그만큼, 우리의 의식으로서 개별적으로 자기 자신을 표현하는, 우주적이고 "무한한 전부"입니다.

그리스도께서 우리의 경험 안에서 작용하고 있을 때, 우리의 짐은 얼마나 가벼워지는지요! 지금까지는 그렇지 않았을지도 모르지만, 우리가 허용하기만 하면, 우리는 지금까지와는 달리, 그리스도께서 활동하고 계시다는 것을 훨씬 분명하게 깨닫게 됩니다. 하지만 무슨 일을 하든, 언제나 스스로 질문을 던져야 합니다. "내가 지금 이 일을 하고 있는가, 아니면 그리스도께서 하고 있는가?" 언제나 깨어서 그 질문을 해야 합니다. 그리스도께서 하고 있다는 것을 느낄 수 없다면, 즉각 멈추십시오!

오늘날의 인간 세상에서는 혼자서 고요한 시간을 가질 수 있는 사람들이 드뭅니다. 현대의 삶은 사람들의 마음을 계속적으로 분산시킵니다. 머리 위로 비행기가 날아가는 소리, 기차와 자동차가 지나가는 소리들로 마음은 흩어지게 마련입니다. 영화와 텔레비전, 각종 게임, 심지어는 장신구까지도 사람의 마음을 사로잡고 놓아주지 않습니다. 이런 것이 습관이 되어 현대인들은 마음을 가만 놓아두지 못하고 끊임없이 무슨 일인가를 벌여야만 합니다. 왜냐하면 마음은 고요한 상태를, 내면의 평화를 감당할 수가 없기 때문입니다. 하지만 영적인 메시지를 이해하려면, 마음이나 몸의 활동이 멈추어야 합니다. 마음이 고요하고 평화롭게 되지 않으면, 영적인 메시지는 우리의 의식에 스며들 수가 없습니다.

오늘 아침 나는 명상에 잠겨서, 바깥의 일은 까맣게 잊어버렸습니다. 나는 마치 진공 상태 속에 있는 것 같았습니다. 내 마음은 아무 생각 없이 텅 비어 있었습니다. 그때 갑자기, 내가 지금 여러분에게 전하고 있는 메시지가 떠올랐습니다. 나는 사실 무엇을 말하고 싶은지에 대해서도 아무 생각이 없었습니다. 그런데 오늘 내가 나누기로 되어 있는 메시지가 나에게 왔습니다. 내가 텅 빈 상태였기 때문에 "그것"이 나에게 메시지를 드러낼 수 있었던 것입니다. "그것"이 "자기 자신"을 전하기 위해서뿐만 아니라, 당신의 개인적인 경험으로서 기능하도록 하기 위해서라도, 당신은 진공 상태를 만들어 두지 않으면 안 됩니다.

하나님의 소리는 24시간 내내 발설되고 있습니다. "그것"은 시간이 생긴 이래 계속해서 말해 오고 있었습니다. "그것"은 24시간 방송되는 라디오와도 같습니다. 하지만 당신이 "그것"을 알아차리고, "그것"에 주파수를 맞추지 않으면 안 됩니다. 당신은 과거 어느 때라도, 심지어는 수십 년 전에도, 주파수를 맞출 수 있었습니다! "그것"은 말하고 있었습니다. 인간의 의식 안에서 "스스로"를 드러내고 있었습니다. 지구 위의 어딘가에서는 다른 사람들이 "그것"을 듣고 있었습니다. 우리가 "손자 손녀들을 위해 뜨개질을 하느라" 바쁠 때에도, 누군가는 "그것"을 듣고 있었습니다. 너무 바쁘면 그 소리를 들을 수가 없으니, 너무 바쁘지 않도록 해야 합니다. 하지만 주파수를 맞춘다는 것은, 마음을 써서 되는 일이 아님을 기억해야 합니다. 명상을 통하여 마음을 잠잠하게 해야 합니다. 그래야 "그 소리"를 들을 수 있습니다. 명상은 "그것"이 아니니, 혼동하지 말아야 합니다. "그것"은 그리스도이시고, 그리스도는 우리가 고요할 때, 우리의 마음이 침묵할 때에만 "자기 자신"을 나타내고 알립니다.

무(無)에서 전부로

몸을 입은 인간으로서 물질의 도움을 구하며 세상적인 길을 걷다가 영성의 길로 전환하는 목적은, 그리스도가 지배하는 의식의 자리로 오기 위함입니다. 인간성에서 영성으로 돌아서는 순간, 우리의 삶은 영이 필연적으로 모든 것을 장악하게 됩니다. 그것은 씨앗이 뿌려져서 물을 주고 거름을 주면 수확을 거두게 되는 것이 필연적인 것과 마찬가지입니다. 하지만 씨를 뿌리고 거두는 데에 시간이 필요한 것과 마찬가지로, 영적인 길을 걷기 시작한 때부터 일상생활 속에서 그리스도의 활동을 경험하기까지는 시간이 필요합니다. 시간이 필요한 것은, 우리의 의식의 성전에서 인간적인 많은 것들이 청소되고 정화되어야 하기 때문입니다. 우리의 성전은 인간적인 것들로 너무나 더럽혀져 왔습니다. 그리스도께서는 우리를 정화시키기 위해 시간을 필요로 하시는 것 같습니다. 아기를 잉태하고 출산시키기 위해, 이 성전(우리의 의식)을 준비시키기 위해서 말입니다.

당신이 인간성에서 영성으로 얼마나 오래전에 전향했느냐에 상관없이, 당신이 얼마나 여러 단계(일부는 옳고 일부는 그른)를 밟았는지에 상관없이, 결국 당신은 그리스도께서 의식을 장악하는 지점에 도달하게 될 것입니다. 하지만 '자아의 소용없음'에 대한 인식이 먼저 와야 합니다. "내가 행하는 것은 아무것도 아니다, 내가 생각하는 것은 아무것도 아니다. 내가 하려고 하는 것은 어느 것도 옳다고 할 수가 없다."는 깨달음이 와야 합니다. 인간의 생각, 인간의 자아, 인간 존재, 인간의 행위, 인간의 지혜, 인간의 계획, 인간의 구원은 아무것도 아니라는 것을 깨달아야 합니다. 인간의 어떤 것도 쓸모가 없다는 것, 그러한 깨달음이 완벽하게 이루어져야 합니다. 인간의 노력은 깡그리 쓸모가 없다는 것을 깨닫고 "영"에게로 돌아설 때, "모든 것"이, "나의 평화"의 깊은 침묵이 찾아옵니다. 그것이 영적인 평화입니다. "나는 너를 떠나지도 않을 것이고, 너를 버리지도 않을 것이다." 그것이 본질상 초월적인 "큰 나"입니다. "그것"은, 인간인 당신이나 내가 아닙니다. "그것"은, 우리가 인간으로서 사는 동안에는 얼굴과 얼굴을 맞대듯이 볼 수는 없겠지만, 고요하고 작은 소리로 자신의 현존을 증거합니다. 우리가 영적인 존재들로서 살 때, "그것"은 우리의

228

경험을 통해서 나타나서 쉼없이 일을 합니다.

"그것"이 오더라도, 당신 자신을 유별난 사람으로 만들지 마십시오. 보이지 않는 신과 그의 힘이 당신의 삶에 작용하고 있으며 살고 있다는 것을, 세상에 광고하지 마십시오. 당신의 인생을 위해서는 생각조차 한 적이 없다는 것을 세상에 말하지 마십시오. 왜냐하면 세상은 그런 당신을 두려워하고, 당신을 가두어 버릴 것이기 때문입니다! 하지만 누군가가 당신의 그런 경험을 조금이라도 인정할 만큼 수용적인 태도를 가지고 있을 때에는, 자유롭게 나누어도 괜찮습니다. 그렇지 않다면, 다른 사람들과 다르다는 티를 내지 마십시오. 세상의 언어로 말하십시오. 영적인 기준은 당신 자신에게만 적용하도록 하십시오. "나의 멍에는 편하고, 내 짐은 가볍다"(마태복음 11:30).

그리스도의 경험은 우리들의 인간성이 죽을 때에만, 인간의 사이가 껍질을 벗을 때에만, 욕망과 필요가 사라지고 없어질 때에만 찾아옵니다. 우리의 인간성이 껍질을 벗음에 따라, 우리는 그리스도의 상태로 상승합니다. 예전의 인간으로 그대로 머물러 있는 상태에서는, 누구도 상승할 수가 없습니다. 인간성의 자취가 우리 안에 남아 있는 한, 상승의 변화는 이루어지지 않습니다. 때로는 신의 현존이 당신의 머리 꼭대기에서나 심장 뒤쪽, 혹은 어깨 위에서 느껴질 수도 있습니다. 오늘은 여기에서 느껴지고, 내일은 다른 곳에서 느껴질 수도 있습니다. 어디에서 느껴지든 아무런 차이가 없습니다. 그런 느낌이 여기저기에서 느껴지는 일이 생기면, 기뻐하십시오! 하지만 그런 느낌이 계속되기를 기대하지는 마십시오. 그러면 실망하게 될 것입니다. 어느 특정한 곳에서 계속 그런 느낌이 느껴지도록 바람을 품지도 마십시오. 그것을 지속하려고도 하지 마시고, 붙잡으려고도 하지 마십시오. 오랜 동안 그런 느낌을 경험하지 못하면, 실망감에 사로잡힐 수도 있습니다. 하지만 그렇더라도 걱정하지 마십시오. 인생에는 오르막이 있으면 내리막이 있게 마련입니다. 멋진 언덕 위에 있다가 계곡으로 미끄러져 내려오는 날들이 있는가 하면, 휘트니 산(시에라 네바다 산맥에 있는 미국에서 가장 높은 산으로, 4418m)보다 더 높은 자리에 있을 때도 있게 마련입니다. 저는 높은 산정에 있다가 다음 날엔 지옥보다 더 낮은 곳으로 처박힌 것 같은 느낌을 경험한 적이 있습니다. 당신에게 그런 일이 일어나더라도 너무 마음쓰지 마십시오. 왜냐하면 그것은 당신과는 상관없는 일이기 때문입니다. 그것은 단지 의식의 단계들의 펼쳐짐일 뿐이고, 거기에 대한 인간적인 반응들이기 때문입니다. 그러니 침울해지는 기간이 오더라도 오히려 기뻐하십시오. 왜냐하면 그것은 산 정상의 경험에 대한 준비과정이기 때문입니다. 내려가는 경험이 없이는 올라갈 수 없습니다. 다시 말하자면, 생명을 잃는 경험이 없이는 진정한 생명을 찾는 경험도 할 수 없습니다.

인간의 모든 감각이 당신을 떠나고 나면 어떻게 될지, 당신은

230

말할 수 있습니까? 실패할 수 없는 한 가지 방법이 있습니다. 당신은 사느냐, 죽느냐를 걱정하고, 거기에 관심이 있습니까? 만약 관심이 있다면, 그것은 아직 인간적인 것들을 떨쳐버리지 못하고 있는 것입니다. 인간성이 떠나고 신성을 살고 있다면, 자신이 이 지상에 있든지 사후의 세계에 있든지 아무 차이가 없습니다. 이 세상에서 기능하고 있든 다음 세상에서 기능하고 있든, 아무 차이가 없습니다. 왜 그럴까요? 인간적인 것들에 대한 미련을 깨끗이 떠나보내고 나면, 거기에는 "나"라는 것이 없습니다. 오직 인간의 "나"만이 살기를 원하고, 때로는 죽기를 원하기도 합니다. 번영을 할 수 있거나 결핍을 경험할 수 있는 것은, 인간의 "나"일 때뿐입니다. "나"라는 것이 없다면, 번영이나 결핍이, 삶이나 죽음이, 질병이나 건강이 있을 수 없습니다. 거기에는 오직 그리스도성의 상태만이 존재할 것입니다. "나"라는 흔적이 있는 한, 거기에는 인간성이 있는 것입니다.

당신은 지금까지 "나"라는 인식을 지니고 살아왔습니다. "어떻게 내가 이것을 처리할 수 있을까? 어떻게 내가 이것을 처리해야 할까? 내가 과연 이것을 해낼 수 있을까?" 하지만 이제, 오늘 이후로는, 인간 경험의 짐이 다시는 그렇게 무겁게 느껴지지 않을 수 있습니다.

"'내가' 너와 함께 하리라. '나'는 너를 떠나지도 않을 것이고, 버리지도 않을 것이다."

그 말을 기억하십시오. 오늘, 뭔가 중요한 일이 일어났습니다. 그리스도가 깨어난 것입니다. 그리스도가 깨어났으니 "그것"이 그 일을 할 것입니다. "그것"이 앎을 알 것입니다. "그것"이 그 행위를 할 것입니다. "그것"이 그 상태를 유지할 것입니다. 다시 말하자면, 우리에게 하기로 주어진 일들을 수행하는 보이지 않는 존재, 보이지 않는 힘에 대한 더 큰 감각이 있게 될 것입니다. 바로 그것이 짐이 훨씬 더 가볍게 느껴지게 될 이유이자 근거입니다. 짐은 우리가 그것들을 스스로 운반하지 않으면 안 된다고 여길 때에만 무겁게 느껴집니다. 우리의 짐을 운반해 줄 어깨가 있다는 것을 알 때, 그 짐은 결코 무겁게 느껴지지 않습니다. 그리스도는 말씀하셨습니다.

"수고하며 무거운 짐을 진 사람은 모두 내게로 오너라. 내가 너희를 쉬게 하겠다. …그리하면 너희는 마음에 쉼을 얻을 것이다"(마태복음 11:28-30).

그렇습니다, 당신은 "나의" 어깨 위에 짐을 내려놓을 수 있습니다. 그리스도의 어깨 위에서 그 짐들은 전혀 무게가 나가지 않습니다. 전혀 나가지 않습니다! 문제를 풀어야 할 짐을 지고

232

있는 "나"(당신)는 갈수록 적어지고, 당신을 위해서 거기에서 그것을 행하여 주는 "나, 나의 현존"(그리스도)은 갈수록 많아질 것입니다. 여기에 대해 공부하고, 읽고, 기도하십시오. 지금 당신의 경험이 되어주기 위해 "그것"이 바로 여기에 있습니다!

"인피니트 웨이" 수련법

1. 허리를 곧추세우고 편안한 자세로 앉는다. 발은 바닥에 가지런히 모으고, 두 손은 무릎 위에 가볍게 얹어놓는다. 숨은 천천히 들이쉬고 내쉰다. 반드시 따라야만 하는 신비적인 원칙 같은 것은 없으며, 몸을 의식하지 않을 정도로 마음이 편안하면 된다. 숨을 천천히 들이쉬고 내쉬기를 네다섯 번 반복하면서, 마음을 고요하게 한다.

2. 다음에는 "나는 내 안의 그리스도에 마음을 집중합니다."라는 말을 되풀이한다. 소리내어 말하거나 마음으로만 그렇게 하거나 상관이 없다. 생각이 들어오면, 그때마다 이 말을 되풀이한다. 누구의 지도나 안내 없이 스스로 명상에 들어가도록 한다.

3. 누구도 마음을 완전하게 멈춰 세울 수는 없다. 인간적인 생각이나 관심사가 마음에 떠오르더라도 그것과 싸우려고 해서는 안 된다. 마음을 편하게 갖는 것이 중요하다. 생각이 오면

오는 대로, 가면 가는 대로 맡기는 것이 중요하다. 자주 연습하다 보면, 방해되는 생각꺼리들이 차츰 가라앉는 단계로 진입하는 시간이 짧아질 수 있다. 인내심을 갖고 하루에 10분씩이라도 꾸준히 하는 것이 중요하다.

4. 이제는 "하나님은 누구인가?"라는 주제로 의식을 옮겨간다. 다른 사람들이 하나님을 어떻게 생각하든 그것은 당신이 관심을 가질 분야가 아니다. 당신 자신을 향해 "하나님, 당신은 누구입니까?"라는 질문을 절실하게 제기해 놓고, 그 대답을 기다려야 한다. 하나님의 나라는 당신의 내면에 있으므로, 대답은 당신 자신의 존재의 안쪽에서부터 오게 된다. 고요히 앉아서, "주여, 말씀해 주소서. 당신의 종이 여기에 있습니다." 혹은 "아버지, 내가 여기에 있습니다. 말씀하소서."라는 의식이 되어 기다린다.

5. 어떠한 내용이든 주어지는 말씀을 다 받아들이겠다는 전폭적인 수용의 자세를 갖추는 것이 중요하다. 인간적인 생각이나 걱정거리가 떠오를 수도 있다. 그럴 때마다 우리들 존재의 근원인 하나님에 대해서, 전지전능하고, 없는 곳이 없이 모든 곳에 계시는 하나님에 대해 생각을 뻗쳐 보라.

6. 궁극의 기도란 "하나님, 당신은 누구입니까?"라는 깊은 물음의 상태일 수도 있다. 그렇게 절실한 물음 속에 머물다 보면, 하나님이나 기도에 대한 생각의 상태가 그치고, 갑자기 아무런

생각도 없는 경지가 펼쳐질 수 있다. 아무런 생각이 없이, 질문도 없이, 대답을 기다리지도 않고, 깊고 깊은 평화의 상태에 빠질 수 있다. 생각이 그치면, 내면의 귀가 열리고, 길고 깊은 호흡이 이어지면서, 깊은 안도의 느낌이 다가온다. 무거운 짐을 이제 막 벗어놓은 것처럼, 감옥 같은 곳에서 비로소 탈출한 것처럼, 홀가분한 평화가 펼쳐진다. 이런 평화는 여러 형태로 표출될 수 있다. 성령이 충만한 가운데 자리에서 일어나 그날의 일을 시작할 수도 있다. 그 일은 한동안 태만했던 일일 수도 있다. 어떤 일이든 편안한 상태에서 신성한 지혜와 힘으로 신성한 안내를 받아서 '함이 없는 함'으로 하게 된다.

7. 인간적인 근심걱정이나 판단이 끼어들 때마다, '신성한 상태'로 재빨리 돌아가는 것이 중요하다. 연습을 되풀이하면 '클릭!' 하는 순간 곧바로 나의 존재를 떠받들고 있는 신성한 기운을 의식하고, 신성 자체의 흐름 속으로 들어가게 된다.

궁극의 깨달음은 모든 물질적인 속박을 끊어버립니다. 영적인 이해라는 황금의 사슬로 모두가 하나로 이어져 있다는 것을 깨닫게 됩니다. 영적으로 깨어나면, 오직 그리스도만이 그의 삶을 차지하고 다스리게 됩니다. 종교적인 의식이라든가 지켜야 할 법칙 같은 것이 사라져버리고, 개체성을 떠난 신의 우주적 사랑만이 현존하게 됩니다. "영"이라는 성소에 영원토록 켜져 있는 "내면의 불꽃"을 섬기는 일 이외의 다른 예배는 존재하지 않습니다. 영적인 형제들은 이러한 하나됨 속에서 자유로운 삶을 구가합니다. 유일한 제한이 있다면, 혼의 성숙을 위해 훈련을 하는 일입니다. 그리하여 무르익은 혼은 면허가 없이도 자유를 알고, 우리 모두가 물리적인 한계가 없는 우주 자체라는 것을 알아차립니다. 어떠한 교리나 형식이 없이, 오직 신에 대한 거룩한 섬김이 있을 뿐입니다. 하여 아무런 두려움 없이 깨어남의 길을 계속 나아갈 수 있습니다. 은총에 의하여.

— 조엘 골드스미스의 『인피니트 웨이』 중에서